쉬운
말이
평화

쉬운 말이 평화

제1판 제1쇄 발행일 2021년 4월 23일
제1판 제2쇄 발행일 2022년 6월 10일

글 _ 최종규
기획 _ 숲노래, 책도둑(박정훈, 박정식, 김민호)
디자인 _ 채홍디자인
펴낸이 _ 김은지
펴낸곳 _ 철수와영희
등록번호 _ 제319-2005-42호
주소 _ 서울시 마포구 월드컵로 65, 302호(망원동, 양경회관)
전화 _ 02) 332-0815
팩스 _ 02) 6003-1958
전자우편 _ chulsu815@hanmail.net

ISBN 979-11-88215-58-4 43710

철수와영희 출판사는 '어린이' 철수와 영희, '어른' 철수와 영희에게
도움 되는 책을 펴내기 위해 노력합니다.

쉬운 말이 평화

청소년 우리말 특강

숲노래 밑틀 · 최종규 글

철수와영희

생각을 가꾸고
마음을 살찌우는 우리말

우리가 쓰는 모든 말은 우리가 살아가는 하루를 담아냅니다. 생각을 그리기도 하고, 살림살이를 나타내기도 하고, 일하거나 놀거나 배우는 모습을 드러내기도 하고, 바라거나 기쁘거나 슬프거나 반갑거나 아픈 마음을 밝히기도 합니다.

우리가 쓰는 글인 한글은 뜻하고 소리를 아울러 나타냅니다. 뜻글이면서 소리글인 한글입니다. 뜻을 담는 한글이기에 하늘에서 내리는 함박눈하고 푸나무에 맺는 싹눈하고 우리가 무엇을 보는 몸눈을 가리키는 '눈'은 소리는 같되 뜻이며 결이 다릅니다. 그리고 느낌이나 소리나 빛깔을 옮기는 숱한 말씨를 돌아보면 소리글이자 뜻글일 뿐 아니라 '무늬글'이기도 하구나 싶습니다. 온갖 무늬를 우리 한글로 다 담아내거든요.

한글이란 이름에서 '한'은 '한겨레'에서 '한'이면서, 서울 한복판을 가로지르는 '한강'에서 '한'입니다. 한겨레가 쓰는, 크게 아우르면서 생각을 넉넉히 담는다는 결을 나타내는 '한'을 붙여서 글을 '한글'로 가리킨다면, 우리가 늘 주고받는 말은 '한말'이라는 이름이 어울립니다. 푸름이 여러분한테 들려주려는 《쉬운 말이 평화》라는 이야기 꾸러미는 바로 이 대목을 조곤조곤 짚으려 합니다. '평화'라는 한자말을 우리말로 새로 옮기자면 '어깨동무'나 '손잡기'라고 할 만해요. 키가 크든 작든 어깨동무를 하자면 눈높이를 맞추어야 하고, 힘이 세든 여리든 손잡기를 하려면 나란히 설 줄 알아야 해요.

누가 어렵게 꾸며서 말한다면 좀처럼 알아듣지 못하겠지요? 짐짓 멋을 부리는 글을 쓴다면 어쩐지 아리송하겠지요? 어린이가 알아들을 수 있도록 말을 한다면, 어린이부터 누구나 알아들을 만합니다. 학교를 다닐 수 없어 글을 익히지 못한 시골 할머니가 알아차릴 수 있도록 말을 한다면, 그야말로 누구나 알아차리는 수수하고 아름다운 어깨동무로 나아갈 만해요.

이 같은 어깨동무나 손잡기를 말로 풀어내려 합니다. 크게 다섯 갈래를 지어 보았어요. 첫째 갈래에서는 쉽거나 어렵다는 말이 무엇이고, 이러한 말에 우리가 삶과 생각을 어떻게 담는가를 짚으려 합니다. 하늘을 보며 '하늘'이라고 말하는 마음과 '창천'이라고 말하는 마음이 무엇이 다른지, 푸름이 여러분을 가리키는 '청소년·사춘기' 같은 낱말에 어떤 생각이 흐르는가를 짚습니다. 둘째 갈래에서는 말이 흐르는 숨결을 돌아보면서, 어떻게 말 한 마디로 생각을 가꾸고 마음을 살찌우는가 하는 대목을 다루려 합니다. '안구정화·손절' 같은 말을 어떻게 바라볼 만한지, '분노하거나 평화로운 말'이 어떻게 갈리는가를 다룹니다. 셋째 갈래에서는 말을 누가 어떻게 왜 지어서 우리가 오늘 이곳에서 이 말을 함께 쓰거나 나누는가 하는 실마리를 알아보려 합니다. '트라우마·로하스·에스엔에스'를 돌아보고, 낱말책에 실리거나 안 실리는 말을 가르는 길을 알아봅니다. 넷째 갈래에서는 어느덧 한마을이 된 이 별(지구)에서 우리말을 어떻게 바라보면 좋을까를 헤아리려 합니다. '한자문화권·언어의 사회성·토박이말'을 헤아리고, 말이나 글을 잘 하는 길을 비롯하여 새말을 짓는 길을 헤아립니다. 겹쳐서 쓰는 말씨가 무엇인가 하고도 헤아립니다. 다섯째 갈래에서는 우리말이 걸어온 길과 나아갈 길을 조금 깊이 파고들면서 푸름이 여러분이 앞으로 새롭게 가꾸면서 이웃하고 사랑스레 나눌 말살림을 여는 바탕을 살피려고 합니다. '순우리말·맞춤법·그녀·번역 말씨'를 살피고, 우리말을 가꾸려고 애쓴 이오덕 어른이 남긴 뜻을 살피며, '국민학교'란 이름이 사라진 이야기도 살핍니다.

"쉬운 말이 평화"라고 한다면 "어려운 말이 전쟁"이란 소리가 됩니다. 쉬운 말로 어깨동무를 한다면, 어려운 말로 금긋기를 한다는 뜻이 됩니다. 쉬운 말이기에 서로 동무나 이웃이 된다면, 어려운 말이기에 위아래를 가르는 굴레인 계급이나 권력이 불거지곤 합니다.

'너나들이'란 낱말이 있어요. 너랑 나랑 가르지 않고 마음이 드나들 만한 사이, 매우 가까운 사이, 요새 둘레에서 꽤 쓰는 '절친'이나 '소울메이트'를 가리키는 우리말입니다. '이슬받이'란 낱말이 있습니다. 이슥한 밤이 걷히고 새롭게 밝는 새벽나절이면 풀잎에 맺는 이슬인데, 이 이슬을 맨 먼저 걷어내면서 앞길을 처음으로 여는 듬직한 길잡이를 가리키는 우리말입니다. 한자말로는 '개척자·선구자·지도자·선배·선생·지성인'이요, 영어로는 '리더·멘토'라 할 만합니다. 푸름이 여러분이 언제나 쉽고 즐거우면서 사랑스레 나누는 말 한 마디로 서로서로 너나들이가 되고 이슬받이가 되는 하루를 지으시면 좋겠습니다. 이러한 길에 이 책 하나를 길동무로 삼아 주시기를 바랍니다. 고맙습니다.

말꽃 짓는 책숲에서

숲노래 적음

일러두기

■ 이 책에 담은 이야기는 2008~2020년 사이에 여러 어린이하고 푸름이를 만나서 들려준 말을 바탕으로 새롭게 엮습니다. 이야기를 펴는 자리에서 어린이하고 푸름이가 물어본 대목을 그때그때 풀어서 들려주었고, 이렇게 들려준 말을 저마다 한 가지 이야깃감에 맞추어서 엮었습니다. 때로는 누리글월(전자우편)로 궁금한 대목을 물어오기도 하기에, 이때 누리글월로 들려준 이야기를 함께 묶기도 했습니다.

■ 먼저 푸름이 여러분이 저한테 물어본 대목을 밝히고서, 이 물음말에 이야기를 들려줍니다. 묻는 푸름이가 저마다 다르게 저를 불렀기에, 그 다른 이름을 그대로 두었습니다. 때로는 "작가님", 때로는 "선생님"이나 "샘님" 때로는 "숲노래 님"이라고 불러 주셨어요. 이 부름말을 하나로 맞출 수도 있으나, 다 다른 부름말이 어쩐지 즐거워서 그대로 두기로 했습니다.

■ '사전'이란 책을 몇 가지 낱말로 가리킵니다. 그대로 '사전'이라 쓰는 자리가 있고 '낱말책'이나 '말꽃'으로 손질해서 쓰는 자리가 있습니다. 사전이란 낱말을 모은 책이기에 '낱말책'이라고도 합니다. 사전이란 낱말을 모으되 생각과 삶과 살림과 사랑을 슬기롭게 여민 책이기에 마치 꽃과 같다고 여길 만하여 '말꽃'이라는 이름을 새로 지어 보기도 했습니다. '우리말꽃'은 '국어사전'을 제 나름대로 새롭게 나타내는 이름입니다. '숲노래 말꽃'은 제가 엮는 낱말책입니다.

■ '배움터'랑 '학교' 같은 낱말을 섞어서 썼습니다. '총칼나라'랑 '군국주의' 같은 낱말도 섞어서 썼습니다. 이 낱말을 저 낱말로 고쳐 쓰자는 뜻이라기보다는, 흐름이나 자리에 맞게 부드러이 풀어내어 쉽게 써 보고 싶었습니다. 때로는 묶음표를 쳐서 '총칼나라(군국주의)'나 '풀그림(프로그램)'처럼 쓰기도 했습니다.

■ 국립국어원 낱말책에 오르지 않은 낱말은 띄어서 쓰라고 하지만, 새말로 삼아 즐겁게 나누면 좋겠다고 여기는 낱말은 일부러 붙였습니다. 이를테면 '다같이·시골사람·첫무렵'이나 '맞춤길·누리글월·텃씨' 같은 낱말을 붙여서 씁니다. 우리말을 한결 새롭게 쓰는 길을 밝히고, 손쉬운 낱말을 더 깊고 넓게 쓰는 길을 들려주고자 붙여서 씁니다.

차례

여는 말 : 생각을 가꾸고 마음을 살찌우는 우리말 004
일러두기 008

ㄱ. 쉽게 나누며 생각 열기

1. 왜 말을 어렵게 쓰나요? 015
2. 북녘말처럼 남녘말도 쉽게 고쳐 쓴다면 020
3. 쉬운 말하고 어려운 말은 뭔가요? 024
4. 푸르기에 풀인 풀빛 029
5. '동반 상승'이든 '시너지'이든 033
6. '필명'을 갖고 싶어요 037
7. 촉각, 안테나, 더듬이 041
8. '전쟁'하고 '평화'는 무엇일까요 045
9. 사춘기란 뭘까요? 051

ㄴ. 마음에 심은 씨앗인 말

10. 좋은 말이 따로 있을까 059
11. 다 다른 말과 평등 063
12. '배롱빛'이 뭐예요? 067
13. '안구정화'나 '안구습기'는? 072
14. 친구랑 '손절'을 했는데 076
15. '평화의 언어'인가 '분노의 언어'인가 081

16. 안버림, 즐안삶, 쓰사살 085

17. 큰걸음 아니어도 이슬떨이 089

ㄷ. 손으로 지어 살림 가꾸기

18. 묻힌 말 가운데 095

19. 자주 쓰는 말이 사전에 오를까 104

20. 풀이하기 어려운 낱말이 있나요? 109

21. 새말을 사전에 어떻게 담나요? 115

22. 뜻풀이를 어떻게 손질하나요? 119

23. '트라우마'하고 '마음앓이' 124

24. '로하스'를 우리말로 128

25. '북큐레이션'하고 '책시렁' 131

26. 에스엔에스(SNS)는 언어파괴를 할까? 137

ㄹ. 온누리를 담는 그릇은

27. 세계화 시대라는데 145

28. 한자문화권하고 세계문화권 아닌가요? 148

29. '언어의 사회성'이란 무엇일까요 153

30. 다문화 158

31. 말을 잘 하고 글을 잘 쓰는 길 163

32. 한자말하고 토박이말 168

33. 어떻게 새말을 지어요? 173

34. '하루 종일'이 겹말이라고요? 178

ㅁ. 말이란 수수께끼

35. 순수한 우리말을 알려면? 185

36. 순우리말이 더 어렵다면 189

37. 알맞거나 재미나거나 즐거운 말씨 193

38. '텃말'이 뭐예요? 199

39. 맞춤법이 너무 어려워요 204

40. 내가 바라는 말을 찾기 210

41. 나이를 새롭게 읽고 싶어요 214

42. 그녀 219

43. '국민학교'하고 '초등학교'란 이름 223

44. 이오덕이라는 분이 궁금해요 227

45. 우리말 번역기 '살림말집' 233

46. "하고 있다"라는 말씨 236

꽃맺음말 : 허름한 말도 멋있는 말도 없습니다 244

ㄱ

쉽게 나누며
생각 열기

1

왜 말을 어렵게 쓰나요?

물어봅니다

왜 전문가들은 쉽게 말할 수도 있는데 알아듣기 힘든 어려운 말로 나타내

려 할까요?

낱말책에서 '청소년'을 찾아보면 다음처럼 풀이를 합니다.

국립국어원
표준국어대사전

청소년(靑少年) : 1. 청년과 소년을 아울러 이르는 말 2. 청소년 기본법에서 9세 이상 24세 이하인 사람을 이르는 말

낱말책에서 다루는 이런 뜻풀이는 얼마나 어울릴까요? 이런 뜻풀이를 살피면서 '청소년'이 어떤 사람인가를 얼마나 알 만할까요? 저는 '청소년'이란 낱말을 새롭게 풀이를 합니다.

숲노래 말꽃

청소년 : → 푸름이
푸름이 : 1. 아홉 살부터 스물네 살 사이인 사람 2. 몸과 마음이 한창 자라거나 무르익는 나이에 있는 사람. 놀며 배우고 사랑하는 하루를 누리며 새롭게 꿈을 키우고 펼치려고 하는 사람

살아온 이야기하고 살아가는 이야기하고 살아가려는 이야기를 고루 엮어서 뜻풀이에 담아야 비로소 사전다운 사전이 된다고 여깁니다. 사전다운 사전일 적에 '말 = 이름'인 실타래를 누구나 스스로 푸는 길을 찾도록 도울 만하지 싶습니다. 말을 더 많이 알아야 하지 않고, 책을 더 많이 읽어야 하지 않습니다. 말을 제대로 알면 즐겁고, 책을 알맞게 살펴서 마음으로 받아들일 적에 기뻐요. '어린이'라는

낱말을 놓고도 저는 다음처럼 새롭게 풀이했습니다.

숲노래 말꽃 | 어린이 : 1. 나이가 어린 사람 2. 놀며 배우고 사랑하는 살림을 짓
는 하루를 누리려고 이 땅에 태어난 사람

자, 이제 수수께끼를 풀게요. 푸름이 여러분 스스로 둘레를 보세
요. 말을 쉽게 풀어서 적은 교과서나 인문책은 몇 가지쯤 될까요? 다
들 쉽지 않은 말을 쓰지 않나요? 이야기(이론)는 어렵지 않은데, 정
작 이야기(이론)를 담아낸 말은 너무 어렵지 않나요?

왜들 이렇게 쉬운 이야기를 어려운 말로 나타내려 할까요? 왜들
이렇게 쉬운 이야기를 쉬운 말로 할 줄 모를까요?

쉬운 이야기를 누구나 쉽게 알아들어서 배우도록 한다면 어떤 일
이 일어날지 생각해 보면 좋겠어요. 이때에 우리 삶터는 어떤 모습이
될까요? 그리고, 어려운 이야기를 누구나 쉽게 받아들여서 익히도록
한다면 또 어떤 일이 일어날까요? 이때에 우리 삶터는 참으로 어떤
길을 갈까요?

쉬운 이야기는 쉬우니까 쉽게 풀어서 쓰고, 어려운 이야기는 어려
우니까 더욱 쉽게 풀어내어 쓴다면, 대학교뿐 아니라 사회나 정치나
경제나 문학이나 문화는 어떤 모습으로 거듭날까요? 다시 말해서,
쉬운 이야기도 어렵게 덮어씌우고, 어려운 이야기는 어려우니까 그

냥 어려운 채 내버려두는 흐름이 오늘날이라면, 오늘날 우리 삶터가 어떤 모습인가를 고스란히 읽어내면 됩니다.

알아듣기 힘든 말을 왜 쓰는가 하면, 끼리끼리 뭉쳐서 울타리를 지키려는 뜻이 있기도 하지만, 이야기가 쉬운지 어려운지부터 제대로 모르는 탓이기도 해요. 어떤 이야기인지 바로 안다면 굳이 어려운 말을 안 써요. 잘 아는 이야기를 어려운 말로 일부러 쓴다면, 이때에는 '혼자만 알려는', 어려운 말로 하자면 '지식 독점'을 하려는 셈이라 할 만합니다. 삶으로 녹이지 않았기 때문에 스스로 잘 모르는 말을 쓰고, 이런 말씨는 하나같이 일본 한자말이나 영어이곤 합니다.

어린이나 푸름이 눈높이에 걸맞게 이야기를 풀어내어 들려주지 않으면, 어린이나 푸름이는 알아듣기 어렵습니다. 그렇지요? 그러면 어른 사이에서는 어떨까요? 모든 어른은 어려운 이야기나 어려운 말을 다 환하게 알아듣는지요?

어린이나 푸름이 눈높이를 헤아려서 쉽게 풀어내어 들려주지 않는 이야기나 말이라면, 어린이나 푸름이한테뿐 아니라 어른끼리도 참으로 어렵거나 갑갑하거나 힘들거나 고단합니다.

"말을 쉽게 쓰기"란 그냥 눈높이를 낮추는 일이 아닙니다. "말을 쉽게 쓰기"란 어른끼리이든 어른하고 어린이하고 푸름이를 아우르든, 서로 즐겁게 배워서 모두 기쁘게 살림을 짓는 길을 열자는 일입니다. 삶을 새롭게 살피면서 즐겁게 말을 하자는 뜻이지요. 서로 아끼는 마음으로 말을 하자는 뜻입니다.

　배움길을 깊이 들어가면 갈수록 이야기도 말도 외려 한결 쉽고 단출하며 가벼운 줄 느끼시리라 생각해요. 어떤 길이든, 무르익다 보면 더없이 쉽고 단출하며 가볍기 마련입니다. 꼬지 않아요. 아직 모르거나 엉성하거나 어설프기에 꼬려고 해요. 하나씩 눈이 트고 머리를 열며 마음으로 받아들여서 새기면 차근차근 풀기 마련이니, 쉽고 단출하며 가벼울 테고, 이때에는 신이 난답니다. '신나다 = 즐겁다'처럼 맞물려요. 신나게 배우고 신나게 놀고 신나게 나누는, 즐거우면서 상냥한 말씨를 새롭게 마주하면서 헤아려 주면 좋겠습니다.

2

북녘말처럼 남녘말도 쉽게 고쳐 쓴다면

북녘에서는 말을 쉽게 고쳐 쓴다고 들었습니다. 우리도 말을 쉽게 고쳐 쓰기를 함께 해보면 어떨까요? 또는 북녘에서 쉽게 고쳐 쓴 말을 받아들이면 어떨까요?

물어보신 말씀처럼 북녘에서 한때 봇물이 터지듯 말을 쉽게 고쳐 쓰는 물결이 일었어요. 오늘날에는 예전처럼 봇물 터지듯 쉽게 고쳐 쓴다거나 삶에 맞추어 가다듬는 일은 좀 드물지 싶습니다.

때벗이 ← 변화, 탈피
단모금 ← 원샷

'때벗이'란 말이 참 싱그러워요. 이 말은 남녘에서도 바로 쓸 만하지 싶습니다. '원샷'이란 일본스러운 영어를 북녘에서는 '단모금'이라 하는데 '한모금'처럼 써도 어울려요.

머리말리개 ← 헤어드라이어
공기갈이개 ← 환풍기
웃급 ← 상급

'머리말리개'는 요새 남녘에서도 더러 쓰지요? '공기갈이개'란 이름도 재미있어요. 이 말씨를 조금 손질해서 '바람갈이개'로 쓸 만하다고 봅니다. 남녘은 흔히 '상급·하급'이라 하는데 북녘에서는 '웃급·아래급'을 쓴다는군요. 이 말씨도 '웃자리·아랫자리'로 손볼 만합니다.

먹물안경 ← 선글라스

벽그림 ← 벽화

알이 까만 안경인 '선글라스'는 '먹물안경'이란 이름도 어울리겠어요. 이제는 남녘에서도 '벽화'라 안 하고 '벽그림'이라 하는 분이 퍽 늘었습니다.

자, 더 헤아려 본다면, 우리는 새로운 살림이나 생각을 받아들이면서 바깥말도 얼마든지 받아들일 수 있어요. 또는, 새로운 살림이나 살림을 받아들일 적에 우리 나름대로 생각을 빛내어 얼마든지 고치거나 손보거나 다듬어서 쓸 수 있지요. 어떻게 옮길는지, 옮겨서 누구하고 함께 쓸는지, 바깥 것을 이곳으로 옮겨서 앞으로 어떤 삶을 지을는지를 생각해 본다면, '쉬운 말'이란 '걸러낸 말'인 줄 알아차릴 수 있습니다.

우리가 받아들이는 이웃나라 살림이나 생각은 아직 우리한테는 낯설 테지만, 그 이웃나라에서는 수수한 살림이거나 생각이기 마련입니다. 이러한 얼거리를 헤아린다면, 아직 낯설구나 싶은 바깥말을 우리말로 옮기는 실마리를 문득 엿볼 만해요. "저 나라에서는 수수한 자리에서 이런 살림을 저런 말로 나타냈다면, 우리가 이러한 살림을 수수한 자리로 받아들일 적에는 어떤 수수한 말로 옮기면 좋을까?" 하고 생각해 볼 만합니다.

쪼르로기 ← 지퍼, 쟈크

드티다 ← 양보

요샌 북녘에서도 '쪼르로기'를 잘 안 쓰고 '쟈크'나 '지퍼'를 그냥 쓴다더군요. 아쉽지요. 자리를 내주는 일을 가리키는 한자말은 '양보'이지만, 북녘에서는 오랜 우리말 '드티다'를 잘 써요. 이 대목은 즐거이 배우면 좋겠습니다. 북녘에서 쉽게 고쳐서 쓰는 말을 남녘에서 받아들이는 일도 좋다고 생각해요. 그리고 남녘에서 알뜰살뜰 손질하거나 지은 새말을 북녘에 알려주어 함께 쓰자고 해볼 만합니다. 수수한 자리에서 즐겁게 쓰는 말부터 부드러이 흐를 적에 남북녘 사이에 따사로운 바람이, 평화로운 물결이 흐를 만하지 싶습니다.

말이란 생각을 담아내어 나누는 그릇인 터라, 우리가 살아가는 모습을 고스란히 비춥니다. 말이 우리 삶터를 우리 손으로 새롭게 짓거나 가꾸는 길을 가는 몸짓이라면, 우리는 누구나 서로 즐겁게 나눌 만하도록 말을 쉽게 가다듬거나 고쳐서 쓰리라 생각해요. 우리가 삶터를 새롭고 슬기롭게 고치거나 바꾸려는 길을 가지 않는다면, 말만 쉽게 바꾼다고 한들, 막상 꽤 많은 사람은 '쉽게 고친 말'이 오히려 '쉽지 않다'고 느낄 수 있습니다.

3

쉬운 말하고 어려운 말은 뭔가요?

물어봅니다

'쉬운 말'하고 '어려운 말'이 무엇인지 조금 더 이야기를 해주면 좋겠습니다. 토박이말이 쉬운 말인가요? 아니면 한자말을 쓰기에 어려운 말인가요? 토박이말이라 하더라도 우리가 오늘날 안 쓰는 낱말이라면 어려운 말이 되지 않을까요?

잘 짚어 주셨습니다. 뒷얘기를 먼저 풀어내 볼게요. 우리가 오늘날 안 쓰는 낱말이기에 어려운 말일 수 있지만, 이보다는 우리 삶하고 멀어진 낱말이기에 낯설다고 느끼기 마련입니다. 푸름이 여러분이 서울 같은 큰도시에 산다고 생각해 보셔요. '쟁기'나 '보습'이 뭔지 아시겠어요? 쟁기나 보습이 뭔지 이름은 알더라도 어떻게 다루는지 알겠어요?

'조바심'이 뭔지 아나요? '깨바심'이나 '콩바심'은요? '조마조마하다'하고 맞물리기도 하는 '조바심'이라는 낱말은 조를 바심하는 일에서 비롯했고, '조 + 바심' 얼거리처럼 깨나 콩을 털 적에도 '바심'이라 합니다. 이 바심을 한자말로는 '타작'이라고 해요. 예부터 누구나 '바심'을 하고 살았지만, 일제강점기를 거치면서, 또 해방 뒤에 농협에서 일본 한자말을 그대로 받아들여서 쓰는 바람에, 어느새 '타작'이란 한자말이 잔뜩 퍼졌어요.

이렇게 하나씩 풀어서 얘기하면 푸름이 여러분도 이런 말하고 얽힌 삶을 좀 헤아릴 만하겠지요? 그런데 도시에서는 조나 깨나 콩을 털 일이 드물어요. 아니, 털 만한 마당이 없겠지요. 그렇다면 '조바심'이라는 낱말이 어떻게 왜 태어났는가를 알 길이 없어요. 말뜻은 짚더라도 말이 태어난 삶이나 살림을 모르는 채 이 낱말을 쓰는 셈입니다.

'키'라고 하면 뭐가 떠오르나요? 우리가 바르게 설 적에 몸이 얼마나 높은가 하고 헤아리는 '키'를 떠올릴 수 있고, '열쇠'를 가리키는 영어 '키(key)'가 떠오를 수 있겠지요. 그러면 낟알을 까불러서 쭉정이나 티끌을 떨어내는 연장도 함께 떠올릴 수 있을까요? '키'라는 연장이 어떻게 생겼는지 푸름이 여러분은 얼마나 알까요?

오늘날 우리한테 낯선 우리말이 있다면 왜 낯설는지를 먼저 헤아려 보면 좋겠습니다. 낯설대서 멀리하면 언제까지나 쓸 수 없습니다. 낯설다고 느낄 적에 왜 낯선가를 헤아려서 파고들면, 우리 스스로 삶을 새롭게 가다듬는 길을 찾을 만하고, 이러면서 늘 새롭게 배워, 우리 마음을 나타내는 말살림을 한결 넉넉히 키울 수 있습니다.

요새 우리는 '널널하다'를 아무렇지 않게 씁니다만, 1990년대 한복판에는 "요새(1990년대 한복판) 젊은이들은 새말을 함부로 지어서 퍼뜨린다"는 지청구가 꽤 많았습니다. 그즈음 '널널하다'는 '넉넉하다'하고 결이 다르면서 부드러운 말씨로 새로 태어난 말이에요. 얼추 서른 해쯤 앞서를 살던 어른들은 '젊은이가 지은 새말'을 낯설고 어렵다고 여겼습니다. 그냥 우리말인데도 말이지요.

이제는 어디에서나 '혼밥'이나 '혼술'이나 '혼집' 같은 말씨를 쉽게 듣지만, 이런 말씨도 몇 해 앞서까지만 해도 "요새(2010년대 한복판) 젊은이들은 새말을 함부로 지어서 퍼뜨린다"는 핀잔이 꽤 드셌습니다. 이때에도 마찬가지인데요, 우리가 얼핏 '어렵다'고 여기는 말이란 '낯설다'고 여기는 말하고 맞물립니다. 여느 자리에서 늘 쓰던 말씨가 아니면 낯설 뿐 아니라 어렵다고 여기면서 꺼리지요. 푸름이 여

쉬운 말이 평화

러분한테는 고등학교를 마치고 나아갈 대학교나 사회에서 두루 쓰는 숱한 '어른들 말씨'가 앞으로 꽤 낯설거나 어려울 수 있습니다.

그렇다면 다시 헤아려 보기로 해요. '쉬운 말'하고 '어려운 말'이란 무엇일까요? '익숙한 말'하고 '낯선 말'이란 무엇일까요? '나한테 익숙한 말'이라 하더라도 모든 사람한테 익숙하지 않을 수 있습니다. '나한테 안 익숙한 말'이라 하더라도 모든 사람한테 익숙한 말일 수 있어요. 이 실타래를 가만가만 푼다면, 어떤 말이 '쉬운 말'인지 곧 알아낼 수 있습니다.

하늘·상천·上天·창극·蒼極·창천·蒼天

몇 가지 낱말을 들어 볼게요. 이 여러 낱말 가운데 '익숙한 말'하고 '안 익숙한 말'을 찾아보셔요. 그리고 '쉬운 말'이 무엇일지 짚어 보셔요.

老士·老死·老舍·老師·弩師·怒瀉·勞使·勞思·勞辭·磖沙·鷺鷥

이런 낱말도 들어 볼게요. 모두 '노사'로 읽는 한자말이고, 사전에 실린 낱말입니다. 이 가운데 푸름이 여러분한테 익숙한 말이 있을까요? 이 여러 한자말은 우리가 쓸 만한 낱말일까요? 또는 쓸 일이 있는 낱말일까요? 이런 한자말은 사전에 실려야 할까요?

늙어죽다·노사·老死

세 낱말을 다시 들게요. 이 세 낱말 가운데 푸름이 여러분이 알아볼 수 있는 낱말은 무엇인가요? 우리는 이 가운데 어느 낱말을 쓸 적에 '쉬울'까요? 우리는 이 가운데 어느 낱말을 골라서 쓸 적에 서로서로 쉬우면서 '즐겁게 생각을 나눌' 수 있을까요?

이제는 푸름이 여러분이 생각해 보기를 바라요. '쉬운 말'이란 무엇인가 하면, 우리가 서로 즐겁게 생각을 나누도록 돕는 말이라고 할 만합니다. 우리한테 아직 덜 익숙하더라도 여러 사람이 생각을 더 넓고 깊게 나누는 길에 징검돌로 삼을 수 있는 낱말이 쉬운 말이에요. '쉬운 말'하고 '익숙한 말' 사이를 넘어설 수 있으면 우리는 누구나 언제나 새롭게 배웁니다.

4

푸르기에 풀인 풀빛

'녹색'은 일본 한자말이라는 말을 들었습니다. 학교에서는 '초록'이라는 말을 쓰고 "초록 신호등"이라고도 합니다. '초록'이라는 말은 써도 괜찮은가요? 그리고 "파란 하늘"이라고도 하고 "푸른 하늘"이라고도 하고, "푸른 들판이라고도 하고 "파란 들판"이라고도 하던데요, '파란'하고 '푸른'을 어떻게 구별해서 쓰는지 어지러워요.

사전을 보면 '초록(草綠)'은 "파랑과 노랑의 중간색. 또는 그런 색의 물감 = 초록색"으로 풀이합니다 '녹색(綠色)'은 "파랑과 노랑의 중간색. 또는 그런 색의 물감 = 초록색"으로 풀이하지요. '풀빛'은 "풀의 빛깔과 같은 진한 연둣빛"으로 풀이하더군요. 사전 뜻풀이가 퍽 엉성합니다. 더욱이 오랜 우리말인 '풀빛'을 제대로 못 다뤄요. 풀이 띠는 빛깔이기에 풀빛이면서, 이 풀빛이란 "파랑하고 노랑 사이인 빛깔"이라고 함께 밝히도록 낱말책 뜻풀이를 손질해야 해요.

물어보신 대로 '녹색'은 일본사람이 무척 즐겨쓰는 한자말입니다. '초록'은 중국사람이 참 즐겨쓴다고 여길 만합니다. 우리말에는 '풀빛·푸르다'가 있으니 우리는 이 빛깔말을 쓰면 넉넉하겠지요.

푸른 신호등·풀빛 신호등 ← 초록 신호등

푸른불·풀빛불 ← 녹색등

그런데 말이지요, 한자말 '초록·녹색' 모두 한자를 뜯으면 '풀이 띠는 빛깔'을 나타내는구나 하고 알아챌 수 있어요. '풀빛·푸르다' 두 낱말을 알맞게 쓰면서 빛깔말이 어디에서 비롯하는가를 돌아본다면 좋겠습니다. 그리고 이 '푸르다'가 풀을 바라보는 빛깔이라면, 하늘빛을 놓고서 "푸른 하늘"이라 하면 좀 안 어울려요. 하늘은 '파랑·파랑다'고 해야지요. 그리고 들판은 하늘빛이 아닌 풀빛이기에 "푸른

쉬운 말이 평화

들판"이라 해야 어울려요. 국립국어원 사전을 더 살피겠습니다.

국립국어원
표준국어대사전

푸르다 : 1. 맑은 가을 하늘이나 깊은 바다, 풀의 빛깔과 같이 밝고 선명하다 2. 곡식이나 열매 따위가 아직 덜 익은 상태에 있다 3. 세력이 당당하다 4. 젊음과 생기가 왕성하다 5. 희망이나 포부 따위가 크고 아름답다 6. 공기 따위가 맑고 신선하다 7. 서늘한 느낌이 있다

파랗다 : 1. 맑은 가을 하늘이나 깊은 바다, 새싹과 같이 밝고 선명하게 푸르다 2. 춥거나 겁에 질려 얼굴이나 입술 따위가 푸르께하다 3. 언짢거나 성이 나서 냉랭하거나 사나운 기색이 있다

낱말책에서 '푸르다·파랗다' 첫째 뜻을 거의 똑같이 풀이하는데, '파랗다 = 선명하게 푸르다'로 적어요. 뜬금없습니다. 잘못입니다. '파랗다'라는 낱말은 '파랑'이라는 빛깔인데, 이 낱말을 '푸르다'란 낱말로 풀이하면 어쩌자는 셈일까요? '풀빛'이 풀이 띠는 빛깔이듯, '푸르다'도 풀이 띠는 빛깔입니다.

풀빛 = 푸르다 : 푸른 들판·풀

파랑 = 파랗다 : 파란 하늘

푸른 빛깔인 풀빛은 싱그러운 숨결을 나타내는 자리에 함께 씁니다. 청소년을 가리켜 '푸름이'라고도 하는데, 싱그러운 풀을 닮았다는 뜻이에요.

간추려 볼게요. 먼저 우리말 '풀빛·푸르다'가 있으니 '녹색·초록'을 다 손질해서 쓸 만합니다. 그리고 '푸르다'는 풀빛을 가리키는 낱말이요, '파랗다'는 하늘을 가리키는 낱말입니다. 바다는 으레 하늘빛을 받아서 파랗습니다. "파랗게 맑은 하늘"처럼 "파랗게 일렁이는 물결"이에요.

푸름이 여러분이 푸르게 일렁이는 들판을 두 눈으로 바라보고, 파랗게 트인 하늘을 온몸으로 마주한다면, 빛깔을 담아내는 말씨를 꾸밈없이 잘 알아볼 만하리라 생각합니다.

쉬운 말이 평화

5

'동반 상승'이든 '시너지'이든

'서로좋다'라는 말은 '시너지'라고 한 말을 우리말로 고쳐서 쓴 말이 맞지
요? 왜 그렇게 우리말로 고쳐서 쓰는지 궁금해요.

오늘날 우리는 여러 가지 우리말을 써요. 큰 틀에서 보면 오래된 우리말이 하나 있어요. 이 오래된 우리말은 어린이하고 시골 어르신도 다 알아들을 만합니다. 둘째로, 조선이란 나라 오백 해에 걸쳐 임금과 벼슬아치하고 글쟁이가 섬기던 중국 한자말이 있어요. 셋째로, 일제강점기에 스민 일본 한자말이 있지요. 둘째하고 셋째에 걸치는 한자말은 모든 사람이 알아들을 수 있는 말이 아닙니다. 넷째로, 해방 뒤에 물결치는 영어가 있고, 번역 말씨가 있습니다. 넷째에 드는 말도 모든 사람이 알아들을 수 있지는 않습니다.

다시 생각하기로 해요. 첫째를 뺀 둘째·셋째·넷째는 '모든 한국사람이 아닌 몇몇 한국사람이 알아듣거나 나누는 말'이기 일쑤입니다. 푸름이 나이쯤 되면 '반성'이나 '반추' 같은 한자말은 얼추 알아들을는지 모릅니다. '반성문' 같은 글을 쓸 때가 있잖아요? 그런데 여덟 살 어린이한테 '반성'이나 '반추'가 쉬울까요?

적어도 '뉘우치다·돌아보다'라 할 수 있고, '되새기다·곱씹다'라 할 수 있습니다. 제가 입으로 하는 말이나 손으로 쓰는 글은 언제나 이런 '우리말'이에요. 몇몇 사람만 알아볼 만한 말은 쓰고 싶지 않아요. 이러다 보니 낱말책에 아직 없는 말을 늘 새로 지어서 쓰곤 해요.

서로좋다 ← 동반 상승, 시너지, 윈윈, 일석이조, 일석다조

쉬운 말이 평화

제가 문득 쓴 '서로좋다'란 낱말은 '서로 좋다'처럼 띄어서 써야 맞습니다만, 입으로 말할 적에는 굳이 '서로 좋다'처럼 사이를 띄지 않아요. 그냥 붙여서 말하지요. '다좋다'나 '모두좋다'라 할 적에도, 글하고 말이 달라서, 말에서는 그냥 붙여서 주루룩 읊지요. 어떤가요? 푸름이 여러분 스스로 혀에 얹어서 말해 보셔요. 이 얼거리로 '고루좋다'나 '두루좋다'를 말하기도 해요. 그리고 이처럼 혀로 주루룩 붙여서 말하듯 글에서도 다다닥 붙여서 쓰곤 합니다. 아직 이런 말을 쓰는 이웃님이 드뭅니다만, 저부터 쓰는 셈이에요. 즐겁게 쓰자는 뜻으로 입말하고 글말을 하나로 엮는 일이기도 합니다.

시너지(synergy) : 1. 분산 상태에 있는 집단이나 개인이 서로 적응하여 통합되어 가는 과정 2. 한 집단이 목표를 달성하기 위하여 소모하는 에너지의 총체
synergy : 시너지 효과, 동반 상승효과. 협력 작용, 협동. 공력(共力) 작용. 공동[상승] 작용. 공동 작업
シナジ-(synergy) : 1. 시너지. 공동. 공력(共力) 작용 2. (개개의 일의 합계보다 큰 효과를 노리어 행하는) 협동 활동

낱말책에 '시너지'란 영어가 올림말로 나옵니다. 예전에는 이 영어를 '동반 상승'으로 고쳐 쓰라고 풀이했더군요. 요새는 풀이가 좀 바

뀌어서 한자말로 고쳐 쓰라는 붙임말이 사라졌어요. 그런데 있지요, 한자말 '동반 상승'이든 영어 '시너지'이든 여덟 살 어린이한테는 어렵기 마찬가지요, 시골 어르신한테도 낯설 만합니다. 그래서 저는 둘 다 안 쓰기로 하면서 '서로좋다·다좋다·모두좋다·고루좋다·두루좋다' 같은 말을 쓰려고 합니다.

> 곡물의 향기가 매치되니 시너지 효과를 내서 맛깔스런 향으로 바뀌는 거죠
> → 곡물 내음이 어우러지니 더 좋아서 맛깔스럽게 바뀌지요
> → 곡물 냄새가 만나 서로좋아서 맛깔스럽게 바뀌지요

어느 책을 읽으니 이런 글월이 나와서 슬쩍 손질해 보았습니다. 가만히 보면 "더 좋다"도 붙여서 새말로 삼아도 되겠지요. 다만 "더욱 좋다"나 "더더욱 좋다" 꼴로도 쓸 수 있어서 이때에는 굳이 안 붙였어요. "한결 좋다"나 "새롭게 좋다"처럼 말맛을 살릴 수 있으니 "더 좋다"는 띄어서 쓰는 길이 낫지 싶어요. 비슷하면서 다른 갈래에 있는 낱말을 헤아리면서 이렇게 쓰지요.

한자말이나 영어가 나쁘다는 뜻이 아닙니다. 우리 생각을 수수하면서 스스럼없이 나눌 적에는 말하기 쉽고 어린이하고 시골 어르신도 함께 알아들을 만한 낱말을 골라서 쓰면 좋아요.

6

'필명'을 갖고 싶어요

물어봅니다

작가님 아이 이름을 듣고 깜짝 놀랐어요. '사름벼리'하고 '산들보라'란 이름이 너무 예뻐요. 저도 두 이름처럼 예쁜 이름을 갖고 싶어요. 무겁지 않은 우리말로 '필명'을 삼을 이름을 소개해 주실 수 있을까요?

이름을 새로 생각하려면 적어도 하루를 들여야 하는데, 이름을 지으려고 마음을 기울이는 만큼 생각이 새롭게 피어나고 즐겁게 노래할 만한 말이 줄줄이 떠올라요. 그런데 "적어도 하루를 들여야 한다"고 말하다가 문득 이 말씨 '하루를'도 재미있구나 싶어요.

그나저나 글을 쓸 적에 쓰는 이름이라는 '필명'은 한자말이에요. 그러니 '글이름'이나 '붓이름'이라는 쉬운 말을 쓰면 더 좋겠어요.

하루를. 하루는. 하루가. 하루로.

우리가 이름을 지을 적에는 토씨를 안 붙이곤 합니다. 그런데 토씨를 슬쩍 붙이면 말결이나 말씨가 확 달라요. 이를테면 '하나로'가 있습니다. 이제 이 '하나로'를 쓰는 곳이 무척 많아요. 여러 가지를 하나로 모은다는 뜻, 여럿을 하나로 간추린다는 뜻, 흩어졌기에 하나로 엮는다는 뜻, 모든 기쁨과 웃음과 노래를 하나로 한다는 뜻 …… 이밖에도 온갖 뜻을 담아낼 만한 '하나로'예요.

하나를. 하나는. 하나가. 하나로.

우리말은 토씨에 따라 말결이나 말뜻이 바뀌어요. 말끝 하나를 새롭게 하면 이야기까지 새롭습니다. '하나로' 말고 '하나를'이나 '하나는'이나 '하나가' 같은 이름을 지어서 써도 재미나고 어울리며 뜻있습니다.

　이런 얼거리처럼 '하루를'이나 '하루는'이나 '하루가'나 '하루로' 같은 이름을 지어서 쓸 만해요.

> **하루를** : 하루를 노래하는 나. 하루를 꿈꾸는 나. 하루를 사랑하는 나.
> **하루는** : 하루는 노래하는 나. 하루는 꿈꾸는 나. 하루는 사랑하는 나.
> **하루가** : 하루가 노래인 나. 하루가 꿈인 나. 하루가 사랑인 나.
> **하루로** : 하루로 노래하는 나. 하루로 꿈꾸는 나. 하루로 사랑하는 나.

　'하루를·하루는·하루가·하루로'라는 이름을 쓸 적에는 뒷말을 줄인 셈입니다. 뒷말로 여러 가지를 펴면서 왜 '하루를·하루는·하루가·하루로'처럼 줄여서 쓰는가를 이야기로 들려줄 만해요.

> **하루숲. 숲하루.**

　저는 숲을 사랑합니다. 그래서 제 이름을 '숲노래'로 지어서 써요. 제가 펴는 말이나 쓰는 글을 맞아들이는 분도 숲을 사랑해 주리라 생각해요. 이런 뜻이나 얼거리로 '하루숲'이나 '숲하루' 같은 이름을 지을 만해요.

이름은 단출하게 지어서 혀에 얹기 부드럽도록 가다듬으면 된다고 생각합니다. 그리고 이 이름에 담는 뜻은 우리가 저마다 다르게 이야기라는 옷을 입혀서 즐겁게 나누면 되리라 생각해요.

'하루를'이나 '숲하루' 같은 이름 어떤가요? 이 이름은 저도 문득 생각해 보았는데, 마음에 와닿는다면 즐겁게 써 보셔요. 또는 이렇게 이름을 지을 수 있구나 하는 실마리를 엿보시면서, 새롭게 글이름을 지어 보시면 좋겠어요.

7

촉각, 안테나, 더듬이

물어봅니다

선생님은 '안테나'란 말을 안 쓰시고 '더듬이'라고 쓰시던데, 안테나하고

더듬이는 좀 다르지 않을까요? 안테나는 그냥 '안테나'라고 쓰는 쪽이 더

나을 듯한데, 어떻게 생각하시나요?

이렇게 궁금한 생각이 들 적에는 낱말책을 먼저 펴 보셔요. 저도 낱말책에 나온 뜻풀이부터 옮길게요.

국립국어원
표준국어대사전

> 더듬이 : [동물] 절지동물의 머리 부분에 있는 감각 기관. 후각, 촉각 따위를 맡아보고 먹이를 찾고 적을 막는 역할을 한다 ≒ 안테나·촉각
>
> 촉각(觸角) : 1. [동물] 절지동물의 머리 부분에 있는 감각 기관. 후각, 촉각 따위를 맡아보고 먹이를 찾고 적을 막는 역할을 한다 = 더듬이 2. [생명] 주위에서 일어나는 각종 변화를 감지하는 능력을 비유적으로 이르는 말
>
> 안테나(antenna) : 1. [동물] 절지동물의 머리 부분에 있는 감각 기관. 후각, 촉각 따위를 맡아보고 먹이를 찾고 적을 막는 역할을 한다 = 더듬이 2. [물리] 공중에 세워서 다른 곳에 전파를 내보내거나 다른 곳의 전파를 받아들이는, 도선(導線)으로 된 장치. 무선 전신, 무선 전화, 라디오, 텔레비전 따위에 쓴다 ≒ 공중선

'더듬이·촉각·안테나' 세 낱말을 찾아봤어요. 자, '동물'이란 앞머리를 붙인 뜻풀이는 모두 같아요. 다시 말해 우리는 옛날부터 '더듬이'라 했고, 한자를 쓰는 이웃나라에서는 한자말 '촉각'이라 했고, 영어를 쓰는 이웃나라에서는 영어 '안테나'를 썼다는 뜻이에요. 나라마다

쉬운 말이 평화

쓰는 말이 다르니, 똑같은 무엇을 바라보며 나타내는 말씨도 이처럼 다르기 마련입니다.

그런데 여기에서 한 가지를 눈여겨보면 좋겠어요. 우리말 '더듬이'는 한 가지로만 뜻풀이를 하고 그칩니다. 한자말 '촉각'은 "감지 능력"을 나타내는 자리로 쓰임새를 넓히고, 영어 '안테나'는 "전파 송수신 장치"를 나타내는 자리로 쓰임새를 넓히네요.

생각해 봐요. "무엇을 느끼는 힘"을 가리킬 자리에 우리말 '더듬이'를 얼마든지 쓸 수 있어요. "전파를 보내거나 받는 틀"을 가리킬 자리에 우리말 '더듬이'도 즐겁게 쓸 만해요. 한자를 쓰는 이웃나라는 그 나라 말에 새 쓰임새를 보태었고, 영어를 쓰는 이웃나라도 그 나라 말에 새롭게 쓰임새를 덧붙였습니다.

우리는 왜 오랜 우리말을 오랜 쓰임새 하나로 그치게 하고, 새로운 쓰임새를 보태거나 덧붙이지 않을까요? 우리는 왜 우리말을 새롭게 살려서 쓰는 길을 생각하지 않을까요? 영어 '안테나'는 처음부터 "전파 송수신 장치"를 가리키는 이름이 아니라는 대목을 읽으면 좋겠어요. 수수하게 쓰던 영어에 새롭게 쓸 길을 밝힌 마음을 잘 읽으면 좋겠습니다.

비슷한 얼거리로 '길잡이·안내인·가이드'가 있어요. 우리말하고 한자말하고 영어입니다. 셋은 모두 같은 일자리를 나타내지만, 정작 우리말로 일자리를 나타내지 않고 으레 한자말이나 영어를 앞장세우곤 해요. '채식'을 하거나 '비건'이라고 밝히는 사람이 늘지만, 정작 '풀사랑'이나 '풀밥먹기'처럼 우리말로 수수하게 살림길을 밝히는 사람은 잘 안 보여요.

삶을 새롭게 가꾸는 길에 생각부터 새롭게 추스르기를 바라요. 우리 곁에 있는 수수한 말이 새롭게 빛나도록 슬기롭게 마음을 기울일 줄 안다면 좋겠습니다.

쉬운 말이 평화

8

'전쟁'하고 '평화'는 무엇일까요

물어봅니다

우리가 사는 지구에서도, 또 우리가 사는 나라에서도 전쟁이 끊이지 않아요. 그래서 늘 평화를 바라는 마음이에요. '전쟁'하고 '평화'를 사전에서 풀이한다면 어떻게 다루시려는지 궁금해요. 새 뜻풀이를 해주시면 좋겠어요.

말은 언제나 우리 삶을 드러냅니다. 우리가 살아가는 모습은 고스란히 말로 나타나요. 우리가 서로 사이좋게 지낸다면 말 그대로 '사이좋다'라 합니다. 우리가 서로 다투거나 싸운다면 이 말처럼 '다투다'나 '싸우다'로 나타나겠지요. 스스로 하지 않는 일이라면 스스로 말하지 못해요. 이웃을 돕지 않는 사람한테는 '이웃돕기'나 '이웃사랑'이란 말이 마음이나 머리에 남거나 맴돌 수 없습니다. 이웃을 미워하지 않고 시샘하지 않으며 따돌리지 않는다면 '미움'이나 '시샘'이나 '따돌림'이란 말을 모르면서 즐겁고 사랑스레 살아가지 싶어요.

국립국어원
표준국어대사전

전쟁(戰爭) : 1. 국가와 국가, 또는 교전(交戰) 단체 사이에 무력을 사용하여 싸움 ≒ 군려·병과·병혁·전역·전화 2. 극심한 경쟁이나 혼란 또는 어떤 문제에 대한 아주 적극적인 대응을 비유적으로 이르는 말

평화(平和) : 1. 평온하고 화목함 2. 전쟁, 분쟁 또는 일체의 갈등이 없이 평온함

국립국어원 사전에서 '전쟁·평화' 두 가지를 찾아봅니다. 뜻풀이를 읽어 보니 좀 모자라지 싶습니다. 어딘가 풀이를 하다 만 느낌 아닌가요? 우리 삶터나 지구라는 별 테두리에서 일어나거나 마주할 만한 '전쟁·평화' 이야기가 두 마디 뜻풀이에 제대로 스몄을까요?

총칼을 손에 쥐고서 싸울 적에도 전쟁이라 합니다. 사전은 '전쟁 = 싸움'으로 풀이합니다. 모질게 겨루어야(경쟁) 하는 일도 전쟁으로 다룹니다. 아무래도 푸름이 누구나 맞닥뜨리는 '입시전쟁'이 있고, 대학교를 마친 뒤에도 '취업전쟁'이 있다지요? 그런데 여러분이 어른이 되어 사랑하는 짝을 만나서 기쁨이란 열매로 아이를 낳은 뒤에는 '육아전쟁'도 있다고 합니다.

아, 우리는 이렇게 전쟁을 벌여야 할까 아리송합니다. 초등학교부터 중·고등학교를 즐겁게 다니면 안 되는지 궁금해요. 대학교에서 일자리를 놓고서 겨루거나 다투거나 싸우지 말고, 서로 슬기롭게 새로운 일거리를 지어서 어깨동무하는 길을 열면 안 되는지 궁금합니다.

아이는 틀림없이 사랑으로 낳을 텐데, 아이를 돌보는 살림도 전쟁처럼 싸움으로, 치고받으면서, 툭탁거리면서, 아웅다웅 힘들게 해야 할까 모르겠어요. 우리는 어쩌면 전쟁이란 낱말을 아무렇게나 쓰면서 우리 삶을 스스로 힘든 수렁으로 내모는 셈 아닌가 싶기도 해요.

이런 흐름이라면 말만 곱게 바꿀 수 없다고 느껴요. '입시싸움·입시겨룸'이나 '취업싸움·취업겨룸'이나 '육아싸움·육아겨룸'처럼, 낱말을 바꾼들 바탕은 달라지지 않습니다.

숲노래 말꽃　│　전쟁 : → 싸움(싸우다). 서로 알고 싶지 않고, 사귀려는 마음이

없어, 건드리거나 괴롭히려고 하는 일·길·짓

평화 : → 사이좋다. 어깨동무. 서로 알고 싶고, 사귀려는 마음이
있어, 즐겁거나 따뜻하거나 반갑거나 넉넉하게 만나고 함께하려
는 일·길·짓

　제가 쓰는 낱말책에는 '전쟁·평화'를 이렇게 다루려고 생각합니다.
한자말을 우리말로 바꾼다기보다는, 두 마디에 흐르는 기운을 깊이
짚고서 이를 풀어내는 길을 이야기해야겠다고 여깁니다. 생각해 봐
요. 서로 알고 싶은 사이인데 싸울 일이 있을까요? 서로 즐겁게 만나
면서 어울리는 사이에서 싸울까요? 서로 반가이 만나고 사랑으로 돌
보는 길에 어떤 기운이 흐를까요?

　오늘날 나라 곳곳에 워낙 '전쟁·평화'라는 말마디가 넓게 흐르거나
퍼지기에 열 살 어린이조차 이 한자말이 익숙합니다. 그렇지만 깊은
속내까지 알거나 짚기는 만만하지 않아요. 두 말마디에 흐르는 속내
부터 짚고서, 앞으로 우리가 나아갈 길은 어디일까를 바로 말로 새롭
게 이야기를 할 수 있으면 좋겠어요.

숲노래 말꽃　　싸우다 : 1. 힘·총칼·주먹·말글·군대 들을 앞세워서 오는 쪽을
받아들이거나 그쪽에 넘어가거나 쓰러지지 않으려고, 똑같이
힘·총칼·주먹·말글·군대 들로 그쪽을 마주하면서 쫓아내거나

없애려고 하다 (서로 알고 싶지 않고, 사귀려는 마음이 없어, 건드리거나 괴롭히려고 하는 일·길·짓) 2. 어느 자리·판·마당·놀이·경기에서 어느 쪽이 낫거나 모자라는가를 놓고서 마주하다 (솜씨·재주가 누가 낫거나 좋거나 앞서는가를 알아보려고 마주하다) 3. 세거나 크거나 어렵거나 힘들거나 고되거나 아프거나 괴로운 일·것을 받아들이지 않으려고 기운·힘을 내다 4. 세거나 크거나 어렵거나 힘들거나 고되거나 아프거나 괴롭더라도 이루거나 누리거나 얻거나 되거나 하려고 기운·힘을 쓰다

사이좋다 : 사이가 좋다. 서로 즐겁거나 따스하게 지내다 (서로 알고 싶고, 사귀려는 마음이 있어, 즐겁거나 따뜻하거나 반갑거나 넉넉하게 만나고 함께하려는 일·길·짓)

어깨동무 : 1. 서로 어깨에 팔을 얹거나 끼면서 나란히 있거나 서거나 걷거나 노는 일 2. 나이·키·마음·뜻이 비슷하거나 같아서 즐겁거나 부드럽게 어울리는 사이 3. 마음·뜻·일·길이 비슷하거나 같다고 여겨서 돕거나 돌보거나 아끼거나 어울리는 사이 (서로 알고 싶고, 사귀려는 마음이 있어, 즐겁거나 따뜻하거나 반갑거나 넉넉하게 만나고 함께하려는 일·길·짓)

받아들이거나 맞아들이고 싶지 않으니 싸웁니다. 기꺼이 받아들이거나 맞아들이기에 사이좋을 뿐 아니라 어깨동무를 합니다. 한자

말 '평화'뿐 아니라 '연대·연합·협동·협력' 같은 결을 '사이좋다·어깨동무'가 담아냅니다. 어렴풋한 느낌이 아닌, 눈으로 똑똑히 지켜보면서 알 수 있는 말을 어린이하고 푸름이가 듣고서 생각하도록 이끌어야지 싶어요.

오늘 이곳에서 우리가 어떤 모습인가(싸움 또는 전쟁)를 낱낱이 헤아리면서, 이대로 그냥 갈는지, 아니면 새롭게 가꾸는 길(사이좋다·어깨동무 또는 평화)로 가고 싶은가를 말 한 마디로 나눌 만하지 싶습니다.

낱말책 뜻풀이는 뜻을 풀이하는 일입니다. 그런데 '풀다'는 "밝혀서 알도록 이끌다"만 가리키지 않아요. 엉킨 실타래를 더는 안 엉킨 환한 모습이 되도록 이끌기에 '풀다'라는 낱말을 씁니다. 낱말책 뜻풀이라면 우리가 눈으로 보는 겉모습을 밝히는 구실을 하면서, 우리가 마음으로 헤아려서 속내를 스스로 깨닫고 가꾸도록 씨앗을 심고 북돋우는 구실을 하나 더 하는 일이라고 여겨요.

9

사춘기란 뭘까요?

선생님, '사춘기'란 뭘까요?

사춘기란 말뜻도, 사춘기가 뭔지도 모르겠어요.

우리 푸름이가 사춘기인가요? 아마 그럴는지 모르겠네요. 그렇다면 사춘기란 참말 무엇이려나요? 낱말책 뜻풀이를 넘어서, 또 둘레어른들이 흔히 말하는 대목을 넘어서, 푸름이 스스로 "사춘기란 참말 뭘까?"를 먼저 마음으로 물어보면 좋겠어요.

국립국어원 표준국어대사전	사춘기(思春期) : 육체적·정신적으로 성인이 되어 가는 시기. 성호르몬의 분비가 증가하여 이차 성징이 나타나며, 생식 기능이 완성되기 시작하는 시기로 이성(異性)에 관심을 가지게 되고 춘정(春情)을 느끼게 된다. 청년 초기로 보통 15~20세를 이른다

낱말책에서 '사춘기'란 한자말을 찾아보았습니다. "어른이 되어 가며 몸이 달라지며 '춘정을 느끼'는 때"가 사춘기라 하는데, 이런 뜻풀이가 가슴으로 와닿는지요?

제가 어른이란 몸이긴 합니다만, 아무래도 이 뜻풀이는 사춘기를 제대로 풀이하지 않은 듯합니다. 자, 사춘기란 한자말을 잘 뜯어 볼게요. '思(생각/헤아림) + 春(봄) + 期(때/철)' 얼개로 이는 '봄을 생각하는/헤아리는 때/철'입니다.

푸름이 여러분, "봄을 생각하는 때"나 "봄을 헤아리는 철"이란 무엇일까요? 봄은 어떤 철일까요?

봄 : 새싹. 새잎. 새로운 나뭇가지하고 나무줄기 + 이른 꽃

여름 : 짙은 잎. 굵은 가지하고 줄기 + 무르익는 꽃 + 이른 열매

가을 : 바래는 잎. 지는 잎. 가랑잎 + 무르익는 열매 + 갈무리

겨울 : 씨앗. 새봄을 기다리며 꿈꾸는 잎눈하고 꽃눈

네 철을 이렇게 갈라 볼 수 있습니다. 이 흐름을 본다면 "봄을 생각하는/봄을 헤아리는" 무렵이란, 새로 돋은 잎을 이야기한다고 할 만해요. 사춘기란, 이제 갓 피어나려는 옅고 보드라우면서 푸른 잎사귀를 그리는 철이나 나이라 할 만하지요. 그러나 아직 여름이 아닌 봄인 터라, 잎이 돋고 줄기나 가지가 차근차근 뻗으려 해요. 아마 사춘기라는 나이나 때나 철을 지나면 줄기하고 가지가 굵으면서 꽃이 피는 흐름으로 들어서겠지요.

푸름이 여러분은 이런 '봄나이'나 '봄철'을 그려 보았을까요? 흔히들 사춘기라는 때는 "성호르몬 분비에 따른 이차 성징으로 몸이 많이 바뀌면서 힘들고 어지럽고 아픈 나날"로 여깁니다. 그렇지만 굳이 이렇게 볼 일은 없지 싶어요. 우리가 새봄에 마주하는 꽃이며 풀이며 나무는 그다지 아프거나 힘들거나 어지러워 보이지 않거든요.

봄날 매화나 벚꽃이 아파 보이는 꽃인가요? 봄에 돋는 새싹이 아파 보이나요? 봄꽃이 어지러워 보이나요? 봄꽃이 힘들어 보이나요? 온통 기쁨으로 반짝이고, 언제나 기쁘게 활짝활짝 웃음을 지으면서

눈부시게 우리를 부르지 않나요? 이리하여 저는 '사춘기'라는 낱말을 새롭게 풀이하려고 생각합니다.

숲노래 말꽃 | 사춘기 : → 꽃나이. 봄나이. 꽃철. 봄철
꽃나이 : 1. 꽃을 생각하거나 그리거나 꿈꾸거나 마음에 품는 나이. 씨앗·열매을 맺으려고 피우는 숨결을 품었다 할 나이나 때 2. 사랑스럽거나 아름답거나 눈부신 나날·때·철·삶이라 여기면서 마음에 품는 나이나 때 3. 가장 돋보이거나 대수롭거나 뜻있거나 크거나 사랑스럽거나 뛰어나거나 아름답다고 할 나이나 때

먼저 '사춘기'란 이름보다는 '꽃나이'나 '봄나이'라는 이름을 새롭게 쓰고 싶습니다. 이와 비슷하게 '꽃철'이나 '봄철'을 함께 쓸 수 있어요. 뜻풀이는 '꽃나이'에 붙이고 '사춘기'라는 한자말은 '꽃나이'를 찾아보도록 해봅니다. 꽃을 생각하는 나이라서 꽃나이라 할 만해요. 꽃을 생각한다는 뜻은 꽃다운 숨결을 앞으로 이루려는 뜻이나 꿈으로 간다는 나이입니다. 다시 말하자면 푸름이 여러분이 맞이하는 꽃나이·봄나이·꽃철·봄철은 어지럽거나 힘들거나 아픈 때가 아니라는 뜻이에요. 꼬물꼬물 애벌레가 깊이 잠들고 나서 눈부신 나비로 거듭나듯이, 푸름이 여러분은 바야흐로 '꿈꾸는 애벌레'처럼 한창 꿈을 꾸면서 곧 이 꿈에서 일어나 '나비로 거듭나는 길'에 들어선다는 뜻

입니다.

　자, 봄철 봄나이를 누려 볼까요? 꽃철 꽃나이를 누리면 어때요? 푸른 꽃나이와 푸른 봄나이를 함께 누려 봐요. 여러분 모두 다 다르게 빛나는 나비가 되어 온누리에 아름다운 사랑을 널리 펴시면 좋겠어요.

ㄴ

마음에 심은
씨앗인 말

10

좋은 말이 따로 있을까

선생님은 '우리말 바로쓰기'를 말씀하시잖아요, 그렇다면 '이런 말을 쓰면 나쁘'니까, 이 나쁜 말을 쓰지 말고 좋은 우리말을 찾아서 쓰자고 하는 뜻인가요?

저는 푸른 벗님뿐 아니라 여러 어른 이웃한테 '바르게 쓰기'보다는 '생각하며 쓰자'고 이야기합니다. 이 말이 틀렸으니 쓰지 말자고 이야기하기보다는 '이때에는 이처럼 생각을 펴고, 저때에는 저렇게 생각을 넓히면서 말을 하자'고 이야기합니다. 곱거나 바르게 쓰는 일도 나쁘지 않습니다만, 우리 하루를 스스로 슬기롭게 지으려고 말할 적에 저절로 곱고 바르게 말을 하고 글을 쓸 수 있다고 이야기합니다.

보기를 들어 볼게요. 어느덧 '폭망' 같은 말씨가 두루 퍼집니다. '폭망'은 '暴亡(폭망)'이나 "폭삭 亡(망)하다"를 줄인 말씨라고 합니다. 이 말씨가 틀렸다고 여기지 않아요. 이처럼 말을 지어서 쓸 수 있겠거니 생각하면서, 오래도록 쓰던 '폭삭'을 그대로 써도 되겠다고 여겨요. 그리고 '깨지다·뻗다'나 '끝·끝나다·끝장·끝장나다'나 '날벼락·쪽박'이나 '내려앉다·주저앉다·허물어지다'나 '무너지다·미끄러지다'나 '와르르·우르르·와장창'이나 '털썩·쫄딱' 같은 말씨를 그때그때 살려서 쓰면 말맛이 피어나고 말결도 새롭다고 느껴요.

'바르다'를 가만히 생각해 봐요. 무엇이 바를까요? 바른말이나 바른길이나 바른삶이란 무엇일까요? 말보다 우리가 걸어갈 삶길이 바르지 않으면 어떤 모습이 될까요?

여러분, 바르지 않은 나라에서 살고 싶은가요? 이렇게 따지면 아마 모든 분이 '바른 나라에서 살고 싶다'고 말하리라 생각해요. 그러면 이제 말을 살펴요. 바르지 않아서 민주도 평등도 평화도 없는 나

쉬운 말이 평화

라가 아름답지 않다면, 바르지 않은 말도 안 아름답겠지요?

다음을 짚을게요. 함께 손을 잡고 나아갈 길을 살폈다면, 아름다운 삶길이나 나라나 마을이나 평등이나 민주나 평화를 즐겁게 가꾸거나 돌보는 길을 찾을 만합니다. 아름다움을 노래할 수 있도록 우리가 마음을 써서 할 일이란 '즐거움'이지 싶어요. 즐겁게 손잡는 평등, 즐겁게 이루는 평화, 즐겁게 싹틔워 돌보는 민주, 즐겁게 나누는 마을, 즐겁게 함께하는 나라, 이러한 결처럼 즐겁게 주고받는 말이랍니다.

다음을 볼게요. 아름다움하고 즐거움이 있으면, 이제 무엇을 헤아릴까요? 바로 사랑입니다. 아름답고 즐거우니, 이 숨결을 사랑으로 보듬거나 펼 만해요. 모든 놀이도 배움도 일도 살림도 사랑으로 할 적에 웃음이 피어나요. 즐거움을 맛보며 말을 나누었다면, 이제 다같이 사랑을 담아서 삶길이며 마을이며 나라며 지구별을 북돋을 말을 일굽니다. 맞춤법이나 띄어쓰기까지 잘 다루면 더 좋습니다만, 맞춤법이나 띄어쓰기는 좀 틀리더라도, 더 낫거나 좋은 말은 아직 모르더라도, 사랑으로 말하고 글을 쓰면 그야말로 눈부시게 빛나는구나 싶어요.

'이런 말을 이렇게 쓰니 나쁘다'고는 여기지 않습니다. '이런 말이어서 나쁘다'기보다는 '이런 말을 쓸 적에는 이러한 기운이 우리 마음으로 스며든다'고 이야기하겠어요. 이를테면, 거친 말을 떠올려요. 깎아내리거나 얕보거나 괴롭히는 말이 있잖아요? 그런 말을 혀에 얹거나 귀에 스미면 어때요? 소름이 돋거나 싫거나 짜증스럽지 않습니까? '어느 말이 나쁘다'가 아닌, '어느 말에 깃든 기운이 우리를 괴롭히거나 갉아먹을 수 있다'고 느껴요. 좋은 말 나쁜 말이 따로 있기보다는, 우리가 마음을 어떻게 다스리느냐에 따라 다 달라지는 말이에요.

더 좋은 말을 찾지 않아도 되어요. 하루하루 즐겁게 삶을 가꾸는 마음으로, 하루하루 즐겁게 말을 가꾸는 눈빛하고 입하고 손이 되면 반갑습니다. 처음부터 가장 멋지거나 빛날 만한 말을 찾지는 말아요. 우리 느낌이나 생각을 고스란히 드러내며 서로 어깨동무를 할 만한 말을 살펴서 차근차근 풀어내는 이야기를 하면 반갑습니다. 일본 한자말을 안 써야 하거나, 번역 말씨를 걷어내기만 해서 끝나는 일은 아니에요. 우리가 스스로 이루거나 일구고 싶은 길을 즐겁게 담아낼 만한 말글을 스스로 찾고 가꾸면서 사랑으로 펴면 빛나요.

11

다 다른 말과 평등

샘님이 들려주는 우리말 이야기를 들어 보면, 우리가 쉽게 쓸 수 있는 말을
안 쓰고 자꾸 어려운 말을 쓰거나 멋을 부리는 말을 쓰려고 하면, 말 사이
에서도 계급이 생기면서 차별이 생길 수 있고, 이는 다양성을 해치고 평등
에도 어긋나는 일이 되겠다고 느껴요. '말의 다양성과 평등' 문제를 들려주
시면 좋겠어요.

아무래도 둘레나 배움터에서는 '다양성'이나 '평등'이란 이름을 쓰거나, 푸름이 여러분도 이 낱말을 그냥 쓰리라 느껴요. 한자말로 '다양성'은 우리말로 '서로 다른'이나 '다르다'입니다. 우리는 서로 다를 뿐, 누가 맞거나 틀리지 않습니다.

다 다른 길을 살피는 눈이란, 더 많이 알거나 잘 알거나 똑똑하다는 쪽 눈길에 그치지 않겠다는 마음이에요. 더 많이 안다면 더 많이 알기에 더 쉽고 부드럽게 풀어내어 이야기할 수 있는 마음이기도 합니다.

평등도 이렇게 볼 만하지요. 한자말로는 '평등'이요, 우리말로는 '나란히'나 '어깨동무'입니다. 자, 생각해 봐요. 키가 작고 걸음이 느린 어린 동생하고 '나란히' 걸을 수 있는 마음이 바로 평등이라고 하는 첫걸음이랍니다. 어린 동생하고 눈높이를 맞추려고 푸름이 여러분이 무릎을 꿇고 앉을 수 있는 몸짓은 평등이라고 하는 두걸음이에요.

푸름이 여러분이 빵을 반죽하거나 김치를 담그거나 밥을 짓는 자리에서, 여러분이 알아듣기 어렵거나 낯선 일본 한자말이나 일본말이나 영어를 섞는다면 얼마나 알아들으면서 함께하거나 따라할 수 있을까요? 어린 동생하고 함께 빵반죽을 하거나 밥짓기를 할 적에도 매한가지예요. 같이 즐겁게 일을 하자면 말부터 쉽게 해야겠지요? 우리나라가 낯선 이웃일꾼(이주노동자)하고 함께 일한다고 생각해 봐요. 우리나라도 우리말도 낯선 이웃일꾼한테 어려운 말을 쓰면 일을 함께 할 만할까요?

우리가 쓸 모든 말은 다 다른 길을 살필 뿐 아니라, 더 너른 길을 나란히 갈 수 있도록 헤아리는 마음으로 하나하나 추스르면 좋겠다고 생각합니다.

별빛 ← 성광, 에이스, 스타, 천사
별빛사람(별빛님) ← 장애인
별빛아이(별아이) ← 장애아, 장애 어린이
별빛칸 ← 특수 학급, 특수반, 장애아 학급

예전에는 '장애자'라 하다가 '장애인'으로 바꾸다가 '장애우'라고도 합니다. 말끝을 '자(者)'에서 '인(人)'을 거쳐 '우(友)'처럼 한자만 바꾼 꼴이에요. 우리 삶터는 이렇게 말끝만 바꾸는 시늉을 했어요. 이러면서 더 생각을 못 하기도 했는데요, '놈(者)'을 '사람(人)'으로 바꾸다가 '벗·동무(友)'로 고치는 길인데요, 처음부터 '사람'으로, 또 '벗'으로, 또 '님'으로 부를 수 있지 않았을까요?

더 생각해서 '장애'라고 하는 이름부터 바꿀 수 있습니다. 오늘 여느 삶터에서 바라보기에는 '장애가 있는 사람'이지만, 다른 별에서 보기에는 그야말로 다른 삶을 짓는 사람일 뿐이에요. 그래서 저는

'별아이·별빛아이'나 '별사람·별빛사람' 같은 새 이름을 떠올렸어요.

우리 곁에 있는 다른 이웃하고 동무한테서 흘러나오는 고운 별빛을 마음으로 느끼고 나누자는 뜻으로 이런 새 이름을 생각해요.

12

'배롱빛'이 뭐예요?

샘님이 들려주신 이야기에서 낯선 말이 무척 많아요. 그 낯선 말이 어렵지
는 않아요. 처음에는 낯설며 이게 뭔 말이지 하다가도 조금 뒤에 다 알겠어
요. '북토크'라 안 하고 '책수다'라 하셔서 처음에는 멍하니 있다가, 혼잣말
처럼 '아, 책으로 수다?' 하면서 알아들었어요. 저희는 그냥 '하늘색'이라
하는데 샘님은 '하늘빛'이라 하니 색다르면서도 한결 고운 느낌이었어요.
그런데 '배롱빛'이라는 말은 모르겠던데요, 어떤 빛깔을 가리키나요?

조금 앞서 혼잣말처럼 생각해 보고 '아, 책으로 수다?' 하고 알아차렸다고 하셨지요? 저도 그처럼 혼잣말을 합니다. 책으로 만나서 책으로 이야기한다면, 수수하게 '책이야기'라 하면 되어요. 이 이름이 밋밋하다 싶으면 '책이야기꽃'이라 할 수 있어요. '책마당'이나 '책뜨락'처럼 이름을 붙여도 됩니다. 그런데 이야기하고 수다는 살짝 달라요. 이야기는 우리 생각을 말로 수수하게 주고받는 자리를 나타낸다면, 수다는 허물없이 가볍게 조잘조잘 떠드는 자리를 나타내요. 푸름이 여러분하고 허물없이 가볍게 조잘조잘 우리 말글을 놓고 생각을 나누면 좋으리라 여겨 '책수다'란 이름을 지어서 써 보았습니다.

이름을 이쁘게 붙이고 싶다면 '책꽃수다'라든지 '책꽃잔치'라든지 '책꽃마당'이라든지 '책꽃뜨락'처럼 써 볼 수 있어요. 얼마든지 새롭게 이름을 붙일 만해요.

국립국어원 표준국어대사전	핑크(pink) : 1. 하얀빛을 띤 엷은 붉은색 = 분홍색 2. [식물] 석죽과의 여러해살이풀 = 패랭이꽃
	분홍(粉紅) : 1. 하얀빛을 띤 엷은 붉은색 = 분홍색 2. 하얀빛을 띤 엷은 붉은빛 = 분홍빛
	분홍색(粉紅色) : 하얀빛을 띤 엷은 붉은색 ≒ 분홍·석죽색·핑크
	분홍빛(粉紅-) : 하얀빛을 띤 엷은 붉은빛 ≒ 분홍·핑크·홍채

쉬운 말이 평화

요새는 영어 '핑크'를 흔히 쓰지 싶은데요, 한자말로는 '분홍·분홍색·분홍빛'이라 하지요. 어느 분은 영어를 쓸 테고, 어느 분은 한자말을 쓸 테지요. 저는 이때에 영어도 한자말도 썩 내키지 않아서, 제가 살아가는 터전에서 흔히 보는 꽃빛으로 새 빛깔말을 삼아 보자고 생각합니다.

　요새는 날씨가 포근하면서 충청도에서도 배롱나무가 자랄 수 있다고 하던데요, 배롱나무는 전라남도나 경상남도처럼 매우 포근한 고장에서 잘 자라는 나무예요. 시골에서는 '간지럼나무'라고도 해요. 줄기를 간지럼 피우듯 살살 긁으면 나무가 간지럼을 타듯이 춤을 추거든요.

　이 배롱나무에 피는 꽃은 나무마다 빛깔 옅기가 조금씩 다르기는 한데, 꼭 '핑크·분홍'이라 할 만해요. 다만 배롱나무는 아직 남도에서 흔한 나무이니 서울이나 강원에서는 드물어서 알아보지 못할 수 있습니다. 그래서 '진달래빛·진달래꽃빛'이란 이름도 같이 써 보자고 생각해요.

　　배롱빛(배롱꽃빛)·진달래빛(진달래꽃빛) ← 분홍, 분홍색, 핑크, 핑크색

　하나 더 생각해 본다면, '하얗게 옅은 붉은 빛깔'이 '배롱빛·진달래빛'이기에 '하얗게 옅은 붉은 빛깔'을 가리키는 우리말 '발그레하다·

발그름하다·발그스름하다'를 수수하게 쓸 만하고, 이 말씨를 살려서 '발그레빛·발그름빛·발그스름빛'을 써도 어울려요.

발그레빛(발그름빛·발그스름빛·발그레하다·발그름하다·발그스름하다) ←
분홍, 분홍색, 핑크, 핑크색

이제 제 나름대로 뜻풀이를 새로 붙여 볼게요.

<table>
<tr><td>숲노래 말꽃</td><td>분홍·분홍색·분홍빛 → 배롱빛(배롱꽃빛). 발그레빛·발그름빛·발그스름빛(발그레하다·발그름하다·발그스름하다)

배롱빛(배롱꽃빛) : 배롱나무에 피는 꽃이 띠는 빛. 발갛거나 발그스름한 빛

진달래빛 : 진달래나무에 피는 꽃이 띠는 빛. 발갛거나 발그스름한 빛

발그스름빛 : 살짝 발간 빛 (살짝 옅붉은 빛)

발그스름하다 : 살짝 발갛다

발갛다 : 밝으면서 가볍거나 부드럽게 붉다 (옅붉은 빛)</td></tr>
</table>

푸름이 여러분이 어떤 빛깔말을 쓰시든 좋습니다. 저는 푸름이 여러분한테 이 빛깔말은 나쁘고 저 빛깔말은 좋다고 말할 생각이 없습

니다. 저는 제가 살아가는 터전에서 마주하는 빛깔을 고스란히 살려서 '이런 빛깔말도 있어요? 들어 볼래요?' 하고 이야기를 펼 뿐입니다. 제 이야기를 듣고서 배롱빛이며 참달래빛이며 발그레빛 같은 빛깔말이 마음에 든다면, 푸름이 여러분이 얼마든지 신나게 써 보시면 좋겠어요.

13

'안구정화'나 '안구습기'는?

물어봅니다

요새 '안구정화'나 '안습' 같은 말을 다들 꽤 쓰잖아요? 저도 그냥 썼는데,
문득 이런 말도 더 좋은 말로 바꿀 수 있는지 궁금해요.

쉬운 말이 평화

어느 말을 쓰든지 우리 마음을 잘 나타내도록 찬찬히 골라서 쓰면 된다고 생각해요. 우리 마음을 잘 나타내면서, 이웃이나 동무하고 생각을 즐겁게 나눌 만한 말을 헤아리면 어떠할까 싶어요.

저는 '안구정화'나 '안습(안구에 습기가 차다)' 같은 말을 처음 들을 적에 "무슨 이런 말이 다 있나?" 하고 속으로 생각하면서도 뜻이나 느낌을 바로 알았어요. 저는 이런 말씨는 안 쓰니, 이런 말씨를 둘레에서 쓰더라도 따라하지 않아요. 이른바 휩쓸리거나 휘말리지 않습니다. 둘레에서는 이런 말씨가 이웃님이나 동무 마음에 들 수 있겠지만, 저로서는 다른 말씨로 제 마음이나 느낌이나 생각을 나타내요.

눈씻이·눈을 씻다 ← 안구정화

먼저 '안구정화'를 살필게요. 이 말씨는 '안구 + 정화'일 테고, "눈을 + 깨끗이 한다"를 가리키는구나 싶어요. 말 그대로 "눈을 씻다"라하면 되고, 단출히 '눈씻이'란 말을 새로 지어서 쓸 만해요.

가만히 생각하면 "눈을 씻어 주네" 같은 말씨를 꽤 많은 분이 씁니다. 이 말씨 못지않게 오래오래 쓰던 말씨가 있으니 '호강'이에요. "호강을 시켜 주다" 같은 꼴로 으레 쓰는데요, 이때에는 '효도'나 '호위호식' 같은 한자말 쓰임새를 담아내기도 하지요.

눈호강·눈을 틔우다·눈이 트이다·눈이 맑아지다 ← 안구정화

매우 보기 좋은 모습을 볼 적에 '눈호강'을 했다고들 합니다. 다만 '눈호강'은 아직 낱말책에 안 실렸더군요. 참으로 오랜 옛날부터 쓰던 말씨인데 말이지요. 그렇지만 우리는 '눈호강'을 바탕으로 새로운 말을 하나하나 헤아릴 수 있어요. 이를테면 맛난 밥을 먹기에 '입호강'을 하고, 아름다운 노래나 목소리를 듣기에 '귀호강'을 합니다. 즐거운 길을 걸으면 '발호강'을 하고, 신나는 일이나 놀이라면 '손호강'을 할 테지요.

슬프다·구슬프다·눈물겹다·눈물나다·눈물을 흘리다 ← 안습·안구에 습기가 차다

다음으로 '안습'을 생각할게요. 눈이 물로 젖는다면 어떤 모습이나 일일까요? 바로 '눈물'이겠지요. '눈물겹다'나 '눈물나다'라 하면 됩니다. "눈물을 흘리다"나 "눈물이 흐르다"라 해도 되고요. 우리 눈에는 언제 눈물이 날까요? 우리는 언제 눈물이 볼을 타고 흐를까요?

바로 '슬플' 때입니다. 그러니 '슬프다·슬픔'이라 하면 되고, 비슷하면서 다른 '구슬프다·구슬픔'이라 할 수 있어요. 다만 '슬프다'나 '구슬프다'라는 낱말로만 이야기하기에는 아쉽구나 싶으면, "눈물이 볼

쉬운 말이 평화

을 타고 흐르다"나 "눈에서 비가 내린다"라 할 수 있습니다.

　때로는 '눈물꽃' 같은 말을 쓸 만해요. '눈물바람'이나 '눈물구름'이라 해도 어울려요. "눈물이 소나기처럼 흐르다"라든지 '함박눈물' 같은 말도 쓸 수 있겠지요.

　자, 우리는 또 어떤 말을 새로 엮어서 쓸 만할까요? 우리는 눈물이 나거나 흐르는 모습을 어떤 이야기로 꾸며 볼 만할까요? 슬픈 모습을 얼마나 새로운 마음으로 조곤조곤 짜거나 꾸려서 나타낼 만할까요? 같이 생각해 보면 좋겠습니다.

14

친구랑 '손절'을 했는데

물어봅니다

마음이 안 맞아 싸운 친구하고 손절을 하려고 하는데, '손절이 뭐지?' 하는 생각이 문득 들었어요. 저희끼리는 그냥 쓰는 말이라서 무심코 썼는데, 무슨 뜻인지 모르는 채 썼다는 생각이 들었어요. '손절'이 뭔가요? 그리고 이 말이 바르게 쓰는 말이 아니라면 어떤 말을 써야 하는지 알려주세요.

쉬운 말이 평화

동무하고 싸우셨군요. 그래요, 마음이 안 맞을 적에는 보기 싫으리라 생각해요. 말씀처럼 서로 사이를 끊을 수 있고, 한동안 안 보고 살 수 있어요. 말을 안 섞는다든지 등을 지거나 돌릴 수 있겠지요.

'손절'이 무엇인지 알려면, 먼저 '친구'가 무엇인지 알아야 하고, 이 한자말하고 비슷하면서 다른 텃말을 살펴야 해요. 가까이 지내거나 마음이 맞는 사람하고 이제 고개를 절레절레 흔들려고 하는 판이잖아요.

국립국어원
표준국어대사전 친구(親舊) : 1. 가깝게 오래 사귄 사람 ≒ 친고 2. 나이가 비슷하거나 아래인 사람을 낮추거나 친근하게 이르는 말

동무 : 1. 늘 친하게 어울리는 사람 2. 어떤 일을 짝이 되어 함께 하는 사람 3. [광업] 한 덕대 아래에서 광석을 파는 일꾼

국립국어원 사전으로 보자면 한자말 '친구'는 '동무'로 고쳐 쓸 만합니다. 그런데 '동무'를 쓰는 분보다 '친구'를 쓰는 분이 많지 싶습니다. 예전에는 너나없이 '동무'라 했고, 동무에서 한결 마음 깊이 사귈 적에 '벗'이라 했어요. 딱히 가까이하지는 않으나 나이가 비슷하거나 생각이 어울릴 만하다 싶으면 '또래'라 했고요.

어깨동무, 소꿉동무, 놀이동무, 글동무, 책동무, 말동무, 새동무

적잖은 자리를 '친구'란 한자말이 잡아먹었지만 '동무'는 꿋꿋했어요. 그리고 이즈막에 조금씩 숨통을 트면서 깨어나려 하지요. 워낙 우리 삶과 살림과 사랑을 담던 낱말이거든요.

숲노래 말꽃	친구 : → 동무 동무 : 1. 늘 가까이 어울리는 사이. 가까이 어울리며 즐거운 사이 2. 어떤 일·놀이를 함께 하거나, 어떤 길을 함께 가는 사이

마음이 안 맞아서 끊고 싶은 사람이 있다면, 왜 그러한가 하고 곰곰이 생각해 보면 좋겠어요. 첫째로, 가까이 어울리고 싶지 않지요? 둘째로, 가까이 있거나 어울릴 적에 안 즐겁지요? 어떤 일이나 놀이를 함께 하거나 누리고픈 마음이 안 들지요? 어떤 길을 한뜻이 되어 갈 만하지 않지요?

그렇다면 낱말책에 이런 느낌이나 결을 고루 담아내야 알맞지 싶어요. 이제는 '동무'란 낱말을 한결 깊이 바라보면서 다룰 노릇이라고 봅니다.

국립국어원 표준국어대사전	손절(孫絶) : 대를 이을 자손이 끊어짐 = 절손 손절매(損切賣) : [경제] 앞으로 주가(株價)가 더욱 하락할 것으로 예상하여, 가지고 있는 주식을 매입 가격 이하로 손해를 감수

쉬운 말이 평화

하고 파는 일

　요즈음 어린이·푸름이 사이에서 흐르는, 또 여러 곳에서 적잖이 퍼지는 '손절'이란 한자말은 '損切'이란 한자로 적고, 손절매(損切賣)를 줄인 말인데, 일본 한자말입니다. 우리말로 하자면 '팔아치우다·내치다'나 '싸게넘기다·싸게팔다'쯤 되겠지요.

　일본 한자말이기에 안 써야 한다고는 여기지 않아요. 이 한자말은 한글로 적든 한자를 밝히든 뜻을 알기에 퍽 어렵습니다. 이 말을 쓰는 어린이나 푸름이 가운데 얼마나 이 말뜻을 바로 알거나 제대로 짚을까요? 어른 사이에서도 이 말씨는 뜻을 헤아리기가 만만하지 않아요.

　이와 달리 '팔아치우다·내치다·싸게넘기다·싸게팔다'는 누구나 한눈에 알아보겠지요. 고쳐 써야 할 말이라기보다, 쉽고 즐거우며 부드러이 누구나 쓸 만한 낱말이 있다면 그쪽으로 갈 노릇이라고 여겨요.

끊다·멀리하다·꺼리다·등지다·등돌리다·끝내다·끝장·끝

안 보다·보지 않다·남남·안 만나다·만나지 않다

뿌리치다·고개젓다·손사래·도리도리·도리질

그만두다·그만하다·자르다·딱자르다

동무로 지내다가 더는 동무로 지내고 싶지 않다면 여러 가지 말씨를 헤아릴 만합니다. 동무는 아니고 '아는 사이'였는데, '아는 사이'로도 있고 싶지 않다면, 이런 여러 말씨를 쓸 만하지요.

그러고 보니 '절교'란 한자말을 쓰는 어른이 있습니다. 만나던 사이를 끊는다고 할 적에, 이를 한자로 나타낸 말인데요, '손절'이든 '절교'이든 끊으니까 '끊다'라 하면 되어요. 또는 '끝내다'라 하면 되겠지요. "너랑 나는 이제 끝이야"처럼 '끝'이라 해도 되고, '끝장' 같은 말도 어울립니다.

15

'평화의 언어'인가 '분노의 언어'인가

물어봅니다

오늘날에는 다들 '분노의 언어'로 표현하는 듯해요. 무슨 일만 있으면 무섭게 달라붙어서 악플을 달고, 이 악플도 엄청 화난 말씨에다가 공격적인 말씨예요. 그런데 샘님이 들려주는 말씨는 되게 낯설어요. 들려주는 말에 한 자말이나 영어가 안 섞였다는 생각은 했는데, 그 때문은 아니지 싶어요. 샘님이 낱말에 붙인 뜻풀이 같은 '평화의 언어'는 어떤 단어로 표현을 하더라도 누구나 따뜻하게 사랑으로 껴안으려는 언어 같아요. 우리도 앞으로는 이런 '평화의 언어'를 써야겠다고 생각했어요.

요즈음에는 '정확한 의사표현·의사소통'을 밝히는 곳을 자주 봅니다. 이런 말씨도 나쁘지는 않다고 여기지만, 썩 아름답기는 어렵다고 여겨요. '정확한 의사표현·의사소통'이란 으레 '올바른 맞춤법·띄어쓰기·문장표현'에 기울기 일쑤예요.

가만히 생각해 보면 좋겠어요. 시골 할머니가 쓴 글이 무척 사랑을 받아요. 경상도 칠곡 할매가 쓴 글을 모은 《시가 뭐고?》(삶창, 2015)란 시집이 있어요. 할매들은 할매 삶을 할매 말씨로 담아냅니다. 올바른 맞춤법이나 띄어쓰기가 아니라, 살아서 숨쉬는 이야기를 조곤조곤 들려줍니다. 어린이가 쓴 글도 그렇지요. 이오덕 어른이 그러모은 어린이 글을 엮은 《우리도 크면 농부가 되겠지》(양철북, 2018)를 읽으면, 맞춤법도 띄어쓰기도 자주 틀리는 멧골 아이들이 멧골말로 저희 이야기를 고스란히 밝히는데, 눈시울을 적시는 슬픈 대목이나 이뻐서 함박웃음이 터지는 대목이 쏟아지는구나 싶습니다.

올바른 맞춤법이나 띄어쓰기로 '정확한 의사표현·의사소통'을 해도 나쁘지 않아요. 다만 우리 삶이, 우리 만남이, 우리 하루가, 우리 어울림이, 우리 오늘이, 빈틈없이 짜맞춘 틀에만 머문다면 어떤 빛이 될까요?

겉으로는 번듯해 보이지만 겉치레로 끝나는 말이 많아요. 언제부터인가 '감정노동'에 시달리는 굴레가 된 터전인데요, '감정노동' 이른바 '억지웃음'을 지으면서 일해야 하는 자리에서는 속으로 곪습니다. '억지일'을 하면서 돈을 벌기만 해야 하는 얼개라면 마음이 타들어 갈밖에 없어요. 이때에 우리 입에서 어떤 말이 터져나올까요? 억지웃음을 더 짓지 않아도 되는, 억지일을 끝마친 하루라면, 이때부터 어떤 말을 마구 터뜨릴까요? 아무래도 '따스한 말(평화의 언어)'이 아닌 '매몰찬 말(분노의 언어)'이 되기 쉽지 않을까요? '포근한 말'하고 동떨어진 '사나운 말'이 되지 않을까요?

악플 → 막글

선플 → 꽃글

누리그물(인터넷)에서 덧글을 쓰는 분들이 으레 두 갈래로 간다고 합니다. 하나는 '악플'이요, 다른 하나는 '선플'이라 하더군요. 곰곰이 보면 예전에는 '덧글'이란 수수한 말 아닌 '리플' 같은 영어를 썼는데, '악플·선플'은 그냥 이대로 쓰곤 하더군요.

이 말씨도 생각해 봐요. '갑질'을 닮은 '악플'이에요. 갑질이란 서로 아끼거나 어깨동무하려는 몸짓이나 일이 아닌, 위아래를 가른 옥박질이에요. 말 그대로 '옥박질'이요 '막질·막짓'이랍니다. 곧 '악플'은 '막글(막말)'이에요. 이와 맞서는 '선플'은 무엇일까요? 서로 아끼자는 마음이요, 함께 어깨동무하자는 뜻이며, 같이 아름답게 보듬는 숨결이 되자는 생각으로 쓰는 글일 테지요. 이 결을 찬찬히 살린다면

'고운글'이자 '아름글'이자 '사랑글'이자 '꽃글'이라 할 만합니다.

"분노의 언어"는 아무래도 '막말·옥박말'로 흐릅니다. "평화의 언어"란 '사랑말·꽃말'로 흐릅니다. 마구 말하거나 옥박지르듯 말하는 사이가 되면 참으로 버거우면서 싸늘해요. 이와 달리 사랑을 헤아리면서 꽃을 나누는 사이가 되면 더없이 따스하면서 아늑합니다.

숲노래 말꽃

> 막글 : 다른 사람한테 함부로 굴거나 제멋대로 하는 마음을 담아서 쓴 글. 다른 사람을 괴롭히거나 따돌리거나 놀리거나 비웃는 마음을 담아서 쓴 글이기도 할 텐데, 다른 사람에 앞서 이러한 글을 쓴 사람부터 스스로 다칠 수 있는 글. '악플·비방·폭언'을 가리킨다.
>
> 꽃글 : 늘 아름답고 빛나면서 즐거운 글. 꽃처럼 곱고 사랑을 담아서 쓴 글. 다른 사람을 돌보거나 감싸거나 아끼거나 달래거나 다독이려는 마음을 담아서 쓴 글이기도 할 텐데, 다른 사람에 앞서 이러한 글을 쓰는 사람부터 스스로 기쁘게 사랑이 샘솟을 수 있는 글. '선플'을 가리킨다.

쉬운 말이 평화

16

안버림, 즐안삶, 쓰사살

환경 문제에 관심을 가지면서 제로 웨이스트 카페에 가입을 하고 활동을 하고 있는데, '제로 웨이스트'는 우리말로 옮기면 뭐라고 할 수 있을까요?

말뜻대로 본다면 "쓰레기 없애기"나 "쓰레기 치우기"가 되겠네요. 이 말뜻 그대로 쓸 만하다고 생각합니다. 온누리에 쓰레기가 없어지기를 바란다면 "쓰레기 없애기"를, 온누리에 있는 쓰레기를 치우기를 바란다면 "쓰레기 치우기" 같은 이름을 쓰면 되어요.

그런데 이 이름으로는 아무래도 밋밋하구나 싶어서 다른 이름을 찾아볼 수 있어요. 어느 분은 밋밋한 그대로 좋아서 수수한 이름을 쓸 만하고, 어느 분은 좀 남다르면서 도드라지는 이름을 쓰고 싶을 만해요. 그래서 수수한 이름 말고 다른 이름도 생각해 볼게요.

쓰레기 살리기. 쓰레기에 새 숨결을. 쓰레기를 사랑으로 살려쓰기

쓰레기는 나쁘지 않습니다. 쓰고 남기에 쓰레기일 뿐입니다. 쓰고 남은 것은 저절로 흙으로 돌아가서 새로운 숨결로 피어나요. 자, 나무를 헤아려 봐요. 숨을 다해서 마른 나뭇잎은 가지에서 톡톡 떨어집니다. 가랑잎이란 무엇일까요? 언뜻 보면 쓰레기이지만, 가랑잎은 흙을 살찌워 나무를 새롭게 북돋우는 구실을 합니다. 그러니까 '쓰레기'란 이름이 붙는 것은 우리 살림터에서 새롭게 피어나는 숨결이나 바탕인 셈입니다. 이를 생각하면 "쓰레기 살리기"나 "쓰레기를 사랑으로 살려쓰기"나, 이를 줄인 '쓰사살' 같은 이름을 쓸 수 있어요.

'제로 웨이스트(zero-waste)'를 더 생각해 볼게요. 사람들이 '제로 웨

쉬운 말이 평화

이스트'를 한다면서 펴는 다짐을 살피니 "환경보호·되살림·다시쓰기·플라스틱 줄이기", 이쯤으로 간추릴 만해요. 이런 네 가지는 무엇을 쓰거나 다루거나 장만할 적에 "쓰레기가 나오지 않도록 하겠다"는 다짐이라고 할 만해요.

몇 가지로 새로 간추려 볼게요. "버리지 않기. 쓰레기 줄이기. 쓰레기 없애기." 이렇게 간추리면 어떤 이름이 어울릴 만한가를 짚기에 좋아요. 이 다짐을 바탕으로 "안 버리기·안 버려요" 같은 이름을 떠올릴 수 있습니다. 널리 말할 만한 이름이라면 '안버림'처럼 짧게 붙여서 쓰고, '안버림삶'이나 '안버림살림'처럼 뒷말을 붙여도 되어요.

그런데 어떤 물결이든 일부러 하려면 힘들기 마련입니다. 아무리 좋은 뜻이라 하더라도 '좋은 뜻만 너무 앞세우'면 좀 벅차거나 힘이 빠질 수 있어요. 그래서 '제로 웨이스트'라는 물결에서도 '즐겁게 하자'는 마음을 담으면 한결 나으리라 여겨요.

즐안삶 : 쓰레기가 나오지 않도록 즐겁게 안 쓰는 삶 + 쓰레기가 없도록 즐겁게 안 버리는 살림

즐안날 : 쓰레기가 나오지 않도록 즐겁게 안 쓰는 날 + 쓰레기가 없도록 즐겁게 안 버리는 날

'즐'을 앞에 넣으면 어떨까요? 쓰레기가 나오지 않도록 즐겁게 안

쓰는 삶, 쓰레기가 없도록 즐겁게 안 버리는 삶, 이렇게 해보아도 돼요.

쓰레기를 줄이거나 없애면서 즐겁게 살아가려고 한다면, 우리 스스로 삶을 옹글게 가꾸려는 마음이에요. 이때에는 '온살림'이라 할 만합니다. 온살림으로 가는 길이라면 참답게 살고 싶다는 뜻일 테니 '참살림'도 어울려요. 참살림으로 갈 적에는 마을이며 집을 푸르게 가꾸고 싶을 테니 '푸른길·풀빛삶'도 어울립니다.

어떤 영어를 어떤 우리말로 '고치면 좋을'까 하는 생각이 아니라, 어떤 새로운 살림을 어떤 새로운 마음으로 '담아내어 새롭게 지으면 즐거울'까 하고 생각하면 좋겠어요. 먼저 수수한 이름으로, 이다음에는 즐거운 이름으로, 이러면서 뜻있고 사랑스러운 이름을 하나하나 혀에 얹으면 좋겠어요.

17

큰걸음 아니어도 이슬떨이

물어봅니다

'이슬떨이'라는 낱말이 어떤 뜻인지 알고 싶습니다. 이 낱말을 언제 어떻게

사용할 수 있을지 궁금합니다.

‘이슬떨이’라는 낱말하고 닮은 ‘이슬받이’라는 낱말이 있어요. 국립국어원 사전은 ‘이슬받이’도 올림말로 삼아서 뜻풀이를 하지만, 두 낱말 모두 보기글이 하나도 없네요. 이는 두 가지로 읽을 만해요. 첫째, 뜻풀이는 있되 보기글이 없는 낱말책이라면, 이 낱말책을 엮은 분들이 낱말 쓰임새를 아직 찾아내지 못했다는 소리예요. 둘째, 문학이나 언론이나 학문에서 어느 낱말을 어떻게 쓰는가를 찾아내지 못했으면, 낱말책을 엮는 분들 스스로 보기글을 붙이면 돼요. 그러니까 그 낱말책을 엮은 분은 스스로 보기글을 붙일 생각을 안 했거나 못한 셈입니다.

ㄱ 네가 어제 이슬떨이가 되어 주었지. 오늘은 내가 이슬떨이가 될게.
ㄴ 어머니는 언제나 이슬을 떨어 주면서 앞장서서 씩씩하게 가셔요.
ㄷ 앞에서 이슬을 모조리 맞으며 옷자락이 젖었어도 걱정이 없대요.
ㄹ 이슬을 머금은 푸나무는 싱그럽게 자란단다. 이 이슬을 온몸에 받았으니 한결 싱그럽겠지. 곧 떠오르는 해는 젖은 곳을 모두 따뜻이 말려 준단다.

‘이슬떨이’는 이슬을 앞에서 먼저 떨어 주어서 뒤따르는 이는 이슬에 젖지 않도록 하는 모습을 나타내요. ‘이슬받이’는 이슬을 앞에서 모두 받아 주면서 뒤따르는 이가 이슬에 안 젖도록 하는 모습을 나타냅니다. 이 얼거리를 살펴서 ㄱ ㄴ ㄷ ㄹ 같은 글을 써 봅니다. 밤새

쉬운 말이 평화

고요히 잠든 푸나무는 천천히 맺은 이슬을 머금으면서 아무리 뜨거운 한낮에도 시원하게 하루를 나요. 푸나무는 새벽이슬을 품고서 후끈후끈 더운 불볕에 조금씩 물기운을 밖으로 내보내기에 풀밭이나 숲은 더운 날씨에도 상큼하고 시원하지요.

가만히 보면, 앞에서 가는 사람이 이슬이라는 물을 온몸으로 떨거나 받으면 이이는 몸이나 옷이 젖으니, 뒷사람은 옷이 안 젖어요. 성가신 일을 기꺼이 받아들일 뿐 아니라, 어느 길을 가야 알맞은가를 온몸을 던져서 찾아내는 노릇을 한다고 할 수 있어요. 그런데 이슬이란 푸나무를 살리는 아름다운 숨결이에요. 이슬떨이나 이슬받이 노릇을 하는 사람은, 낯설거나 고되거나 만만찮은 일을 싫어하지 않아요. 멀리하거나 꺼리지도 않아요. 모두 스스로 살찌우는 마음밥으로 삼지요. 그렇기에 '이슬떨이·이슬받이'를 멋지면서 야무지고 아름다운 길잡이를 가리키는 이름으로 쓸 수 있어요.

숲노래 말꽃	이슬동무 : 새벽을 여는 이슬을 맞이하는, 또는 새벽을 여는 이슬을 떨어 주듯 먼저 나아가는 길에 같이 있는 사이 이슬벗 : 새벽을 여는 이슬을 맞이하는, 또는 새벽을 여는 이슬을 떨어 주듯 먼저 나아가는 길에 같이 있는 가까운 사이

낱말책에 '이슬동무·이슬벗' 같은 낱말은 없습니다. 그렇지만 저는

이 두 낱말을 새롭게 지어서 써요. 이슬떨이나 이슬받이는 한 사람일 텐데, 둘이나 셋이 나란히 이슬떨이로 나설 수 있어요. 큰걸음이 아니어도 됩니다. 아주 조그마한 몸짓이어도, 잔걸음이어도 이슬떨이가 되어요. 서로 즐거이 웃으며 어깨동무하며 앞장서서 나아가기에 이슬동무랍니다. 자, 그러면 더 생각해 봐요. 우리는 이런 여러 낱말을 바탕으로 또 새로운 말을 지을 만해요. 어떤 말을 더 지을 수 있을까요?

ㄷ

손으로 지어
살림 가꾸기

18

묻힌 말 가운데

요즈음 사람들이 잘 쓰지 않지만 새롭게 살려서 써 볼 만한, '사전에 묻힌 낱말'로 무엇이 있을까요?

아주 오랫동안 누구나 즐겁게 쓰던 말이라 하더라도, 어느 때에 갑자기 안 쓰거나 사라질 수 있습니다. 이제껏 아무도 안 쓰던 말이 어느 때에 갑자기 불거지면서 널리 쓰는 말이 될 수 있습니다.

지난날에는 다들 아기를 업어서 키웠지만, 요새는 아기를 업어 키우는 사람이 부쩍 줄었어요. 다들 아기수레를 쓰지요. '아기수레'라는 말이 태어나는데요, 이러면서 어린아이를 업을 때 두르는 작은 이불인 '처네' 같은 낱말은 가뭇없이 자취를 감춥니다. 다만, 아기수레에 아기를 태우더라도 아기는 따뜻하게 감싸 주어야 하니 '포대기'라는 낱말은 안 사라져요. 아기를 낳거나 돌보지 않는 자리에 있다면 포대기 같은 낱말을 알기 어렵지만, 아기를 낳거나 돌보는 자리에 있다면, 또 어린이나 푸름이라 하더라도 집에 어린 동생이 있거나 이웃에 아기가 있으면 포대기 같은 낱말을 익숙하게 듣거나 쓰고요.

더 헤아린다면 포대기라는 낱말은 아기를 덮는 작은 이불을 가리키는 자리뿐 아니라, '무엇을 안 다치도록 포근하게 감싸는 것'을 빗대는 자리에 쓸 수 있어요. 말이란 우리가 쓰기 나름이거든요.

우리는 우리말꽃을 읽으면서 우리한테 익숙한 낱말이나 낯선 낱말을 얼마든지 엿볼 수 있습니다. 이때에 찬찬히 생각해 봐요. 왜 어느 낱말은 우리한테 익숙해 보이고, 어느 낱말은 낯설까요? 모든 낱말은 예부터 사람들이 저마다 살림을 짓고 살아가면서 썼는데, 왜 이제는 어느 낱말은 어느 자리에 어떻게 써야 하는지 아득해 보이기만 할까요? 묻힌 말이라면 백 가지도 즈믄 가지도 들 수 있는데 몇 가지를 살몃살몃 들어 보겠습니다. 이 묻힌 말을 살려서 쓰는 보기도 새롭게 붙여 볼게요.

벼리 : 글이나 어떤 일에서 뼈대·줄거리·알맹이를 가리킵니다 (← 순서·핵심)
* 벼리를 짜서 일을 합니다
* 이 글에서 벼리를 읽어 보자

살강 : 부엌에서 그릇을 얹으려고 살을 여럿 엮어서 댄 곳으로 설거지를 마친 그릇이 물이 빠지도록 합니다 (← 식기건조대)
* 설거지를 마쳤으면 살강에 두렴
* 살강에 잔이 있단다

바심 : 콩이나 벼나 조 같은 풀열매에서 이삭을 떨어 낟알을 거두는 일입니다 (← 타작)
* 꼬투리가 잘 말라서 이제 콩을 바심합니다
* 조바심을 내듯이 일바심을 내는구나

몫 : 여럿으로 나눈 것 가운데 하나를 가리키고, 맡아서 하는 일도 가리킵니다

(← 부분·책임·역할)

* 네 몫은 여기에 남겼어

* 어려운 몫은 제가 하겠습니다

단추 : 옷자락을 여밀 적에 쓰는 것을 가리키고, 눌러서 알리는 것도 가리킵니다 (← 벨, 버튼, 부저)

* 버스에서 내리려고 단추를 누릅니다

* 손님이 단추를 눌러서 밥을 시킵니다

'벼리·살강·바심·몫·단추' 이렇게 다섯 낱말을 먼저 들어 봅니다. 이 다섯 낱말 가운데 흔히 들은 낱말도 있을 테고, 다섯 낱말이 모두 처음이라고 여길 수 있습니다. 다섯 낱말 가운데 '단추'는 옷에 붙은 것으로만 여긴 분이 많을 수 있어요. '바심'이란 낱말은 '조바심'으로 가지를 쳐서 제법 쓰기도 하는데, 더 가지를 치면 '일바심·글바심'처럼 쓸 수 있어요. 바쁜 마음에 서두르느라 일이 안 된다든지, 바쁜 마음에 서두르느라 글을 쓰기 어려울 적에 이렇게 나타내 보아도 어울립니다.

허울 : 알맹이는 없는 겉모습이나 껍데기를 가리킵니다 (← 외양·치장·표면적)

* 허울좋은 말은 듣고 싶지 않아

쉬운 말이 평화

* 허울보다 알맹이를 가꾸자

숨결 : 숨을 쉬는 결, 그러니까 숨을 어떻게 쉬느냐를 가리키고, 기운이 흐르는 목숨을 나타내기도 합니다 (← 호흡·생명·영혼)
* 따뜻한 숨결이 흐르는 집입니다
* 지구에는 참 많은 숨결이 있다

길미 : 돈이나 물건이나 마음으로 도움·이바지·보람이 있을 때를 가리킵니다 (← 이익)
* 길미만 챙기려고 하니 서운하지
* 즐겁게 일하면 길미도 따라와

우수리 : 물건값을 치르고 남아서 돌려받는 돈을 가리킵니다 (≒ 거스름돈)
* 우수리는 그냥 받으셔요
* 우수리는 덤으로 드릴게요

토막 : 덩어리가 진 채 짧게 잘린 것, 다른 것에 대면 짧은 것, 작게 잘라낸 것 하나를 가리킵니다 (← 부분·단편)
* 나무를 토막으로 냈네
* 토막글이라도 써 주면 고맙지요

'허울·숨결·길미·우수리·토막' 같은 낱말은 어떠한가요? 이런 낱말을 익숙하게 쓰는 분이 있을 테고, 하나도 안 쓰는 사람이 있을 테지요. 요즈음 우리 삶터는 도시가 워낙 커지다 보니 '나무토막' 같은 낱말조차 잘 안 쓸 수 있어요. 이러면서 '토막'이란 낱말은 빠르게 자취를 감출 수 있습니다.

이때에도 생각해 봐요. '토막글'처럼 새말을 지을 수 있습니다. 짧게 쓰는 글은 '토막글'이라 하고, 짧게 하는 말은 '토막말'이라 하면 되어요. 짧게 하는 일은 '토막일'이라 해도 되겠지요? '토막일'이란 낱말로 '알바·아르바이트'를 담아낼 수 있습니다.

저 혼자만 잘되기를 바라거나 제 밥그릇만 챙기는 사람한테는 '길미꾼·길미쟁이·길미잡이'라 해볼 수 있어요. 이런 말씨로 '이기주의자' 같은 한자말을 걸러내 보아도 재미있어요.

'숨결'은 숨을 쉬는 결을 나타내는데, 목숨이나 넋(영혼)을 가리키는 자리에도 알맞게 쓸 만합니다. 쓰임새는 우리 스스로 넓히면 됩니다.

너머 : 막힌 어느 곳을 넘어선 저쪽을 가리킵니다 (← 이상·이후)

* 저 너머에는 무엇이 있을까

* 나도 그 너머로 할 수 있어

고이 : '곱게'를 나타냅니다

* 동생을 고이 돌보는구나

* 고이 마음을 쓰니 고마워

오롯하다 : 모자란 것이 없는 모습을 가리킵니다 (← 온전)

* 네가 오롯이 해냈구나

* 오롯이 쏟는 마음이 예쁘다

옹글다 : 물건이 부서지거나 다친 데가 없거나, 어느 일이나 자리에 모자라거나 빠진 데가 없거나, 어떤 모습이나 살림이 꽉 차거나 튼튼할 적에 씁니다 (← 완전·온전)

* 할머니한테 옹글게 드리고 싶어

* 옹글게 짓는 살림이 보기 좋습니다

가멸차다 : 돈이나 물건이 매우 많거나 넉넉할 적에 씁니다 (← 부유·풍족)

* 가멸찬 살림이라 그다지 걱정이 없어요

* 가멸차게 모은 돈을 이웃한테 널리 쏜다

'너머·고이·오롯하다·옹글다·가멸차다' 같은 낱말을 들으면 어떤 느낌이 드나요? 뜻을 알거나 모르거나 가만히 헤아리면 좋겠습니다.

'너머'라는 낱말은 낱말책에 적힌 쓰임새를 넘어 한결 새롭게 쓸 만해요. "그 이상입니다"를 "그 너머입니다"처럼 쓰면 좋지요.

'곱게'는 흔히 써도 '고이'는 모르는 분이 많아요. '고스란히' 같은 낱말은 제법 써도 '고스란하다'는 모르는 분이 있어요. 말끝이나 말꼴을 살짝 바꿀 뿐이어도 결이나 느낌이 달라질 수 있습니다. 우리말은 말끝하고 말꼴하고 말결을 새롭게 가꾸면 빛나고 즐겁습니다.

'오롯하다·옹글다'는 뜻이 살짝 겹치면서 다릅니다. 이와 같은 낱말을 찬찬히 새겨서 알맞게 쓴다면, 우리 마음이나 생각이나 뜻을 한결 넉넉히 펼 만해요. 자, '넉넉하다'에서 한 걸음을 넘어가면 '가멸다'이고, 또 한 걸음을 넘어가면 '가멸차다'랍니다. "부자가 되고 싶다" 같은 말은 "가멸차고 싶다"로 나타낼 수 있어요.

낱말책을 읽으며 새롭게 살릴 낱말을 찾아보기는 그리 어렵지 않습니다. 우리 이웃이나 동무가 '그 낱말은 너무 낯설어서 쓰기 어렵겠는걸?' 하고 말하더라도 대수롭게 여기지 않으면 좋겠어요. 어느 낱말이든 우리가 삶으로 녹여낸다면, 우리가 손수 짓는 살림하고 걸맞는 낱말이라면, 우리가 어느 낱말을 눈으로 바라보기만 할 뿐 아니라, 몸으로 살아내고 마음으로 깊이 받아들일 수 있다면, 참말로 어느 낱말이든 새롭게 쓰임새를 찾습니다.

이쁘장해 보이거나 소릿결이 좋다고 해서 살릴 수 있는 낱말이지는 않아요. 허울 좋은 틀이 아니라, 속이 꽉 찬 옹근 숨결을 느끼면서 기쁘게 받아들여 삶을 가멸차게 가꿀 적에, 이때에 낱말 하나는 가만히 자리를 잡으면서 우리 보금자리에 길미가 되는 대견한 길이 되겠지요.

19

자주 쓰는 말이 사전에 오를까

사람들이 자주 쓰는 말이 사전에 오르지 않나요?

사전에 어떤 말이 올림말로 들어가는지 알려주셔요.

우리나라에서는 국립국어원 학자가 올림말을 가려서 싣습니다. 그래서 국립국어원 학자 눈에 들어야 올림말이 되어요. 국립국어원은 올림말을 가리려고 몇 가지 밑글을 살피는데, 신문·어른문학(거의 소설)·논문, 이렇게 세 가지를 가장 많이 살핍니다. 그래서 신문이나 어른문학이나 논문에 자주 나오는 낱말이 올림말이 되기 쉬워요. 어린이문학이나 청소년문학에 자주 나오더라도 이런 낱말은 올림말 그물에 잘 안 걸립니다. 동시나 청소년시도 그렇지요.

그런데 사람들이 입으로 하는 말은 거의 어떤 그물에도 안 걸리지요. 책을 안 읽고 사는 사람도 많은데, 시골이든 서울이든 조용히 살림을 지으며 살아가는 사람들이 으레 하는 말은 '올림말로 가릴 밑바탕'으로 안 삼기 일쑤인 터라, 오늘날 우리나라에서 나오는 우리말꽃은 삶말이나 살림말이 많이 빠지거나 허술하다고 볼 수 있습니다. 이러면서 신문이나 어른문학이나 논문을 으레 올림말 밑글로 삼으니, 사람들이 거의 안 쓰거나 아예 안 쓴다고 할 수 있는 일본 한자말이나 중국 한자말이나 영어가 낱말책에 갑자기 올림말로 실리곤 하지요.

소양(素養) : 평소 닦아 놓은 학문이나 지식. '교양'으로 순화

소양(小羊) : 새끼 양

소양(小洋) : 중국에서 사용되는 작은 은화

© 손으로 지어 살림 가꾸기

소양(小恙) : 대수롭지 아니한 작은 병(病)

소양(小揚) : [음악] 거문고를 연주할 때에, 술대로 좀 약하게 줄을 뜯어서 소리 내는 법. '양(揚)'보다 약하게 연주한다는 뜻이다

소양(少陽) : [한의학] 1. 사상(四象)의 하나. 사상 의학에서 네 가지로 분류한 체질 가운데 하나이다 2. = 소양경

소양(昭陽) : [민속] 고갑자(古甲子)에서, 천간(天干)의 열째인 계(癸)를 이르는 말

소양(掃攘) : 몽땅 휩쓸어 없앰

소양(搔癢) : 가려운 데를 긁음

소양(霄壤) : '천지(天地)'를 달리 이르는 말. 높은 하늘과 넓은 땅이라는 뜻이다

'소양'이란 한자말을 낱말책에서 보면 이렇게 여러 한자말이 올림말로 나오는데요, 중국말까지 나와요. 꽤나 뜬금없구나 싶은 낱말이 잔뜩 실렸습니다. 새끼 양을 굳이 '소양'이라 하며 실어야 할까요? 가려운 데를 긁는다든지 휩쓸어 없애는 일을 굳이 '소양'이라 해야 할까요? 이런 보기는 대단히 많아요. 그래서 국립국어원에서 엮은 낱말책은 '우리말' 사전이 아니라 '한자말' 사전이요, 중국 한자말하고 일본 한자말을 터무니없이 실은 어설픈 사전이라고까지 나무랄 수 있습니다.

저는 이런 나라를 예전에는 참 부끄럽다고 여겼어요. 그러나 이제

는 부끄럽다고 여기지 않아요. 우리 모습이라고 여겨요. 우리 스스로 이런 낱말책을 나무라지 못한 탓이라고 여겨요. 그리고 우리 손으로 낱말책을 새롭게 지으려고 힘쓰지 않은 탓이요, 우리가 낱말책이라고 하는 엄청난 책이 이렇게 어이없는 모습이 되도록 안 쳐다본 탓이라고 여깁니다. 우리 스스로 우리말을 제대로 배우려고 마음을 쓰지 않은 탓이요, 늘 우리말을 쓰며 살지만 정작 우리말다운 우리말을 슬기롭게 살려서 아름답게 나누며 즐겁게 뒷사람한테 물려주려는 넋을 키우지 않은 탓이라고 여겨요.

우리말꽃은 말을 가르칠 수 있는 책이어야 한다고 생각합니다. 아니, 우리말꽃을 곁에 놓고서 누구나 즐겁고 쉽게 말을 배울 만해야 한다고 생각합니다. 푸름이 여러분이 영어를 배울 적에 낱말책이 꼭 있어야 합니다. 손전화로 낱말을 찾는다면 '손전화 사전'이 있어야겠지요? 종이사전이든 누리사전이든 반드시 옆에 있어야 해요. 그러면 이웃나라 사람이 우리말을 배울 적에는 어떻겠습니까? 우리말꽃이 제대로 있어야 이웃나라 사람이 우리말을 제대로 배우겠지요? 우리말꽃이 매우 엉성한 꼴이라면 이웃나라 사람은 우리말을 매우 엉성히 배우겠지요?

다시 말하자면, 우리는 우리말꽃을 곁에 두고서도 아직 우리말을 즐겁고 슬기로우면서 아름답게 배우기 어렵다는 소리입니다. 앞으로는 참다운 우리말꽃이 태어나야 한다는 소리입니다. 학자가 학문

으로 파고들어 논문을 쓰는 길이 아닌, 우리 삶하고 살림을 넓고 깊
게 담아내는 새롭고 알찬 우리말로 나아갈 노릇이요, 이런 바탕으로
낱말책이 태어나야 하고, 푸름이 여러분은 앞으로 이 같은 일을 씩씩
하고 다부지게 해볼 수 있습니다.

20

풀이하기 어려운 낱말이 있나요?

물어봅니다

사전을 쓰시면서 기억에 남거나, 뭔가 뜻을 풀이하기 어려운 낱말이 있다면 알려주세요.

ㅅ(시옷) 이야기를 해볼까 싶네요. 저는 처음에 ㅅ이라고 하는 닿소리로 여는 낱말을 그다지 좋아하지 않았는데 시골에서 살고 우리 아이들한테 어떤 삶을 물려줄 수 있어야 어버이다운가를 생각하다 보니까 여러모로 ㅅ하고 얽힌 말이 자꾸 들어오더군요. '시골'에서도 시옷이 들어가는데요, 시골이 어떤 곳인가를 생각해 보니까, 다른 낱말책에 나오는 시골 뜻풀이가 아닌, 제 나름대로 시골을 겪고 바라보다 보니, 이 낱말을 두 가지로 새롭게 뜻풀이를 할 만하더군요. 시골이라고 한다면 첫째는 숲이 있어야 돼요. 숲이 없으면 시골이라고 할 수 없어요. 둘째로는 골, 골짜기, 멧골, 멧갓, 봉우리, 그러니까 산이 있어야 하고요. 숲하고 갓(메·산)이 어우러진 곳이 시골이라 할 만하지 싶더군요. 숲이 있으면 저절로 샘물이 솟아서 냇물이 흐를 테니, 시골이라는 곳은 누구나 스스로 땅을 일구어 밥옷집을 얻거나 살림을 가꿀 수 있는 터전인 셈이지요. 이러면서 온갖 짐승하고 푸나무가 함께 살아가는 곳이고요. 예전에는 생각도 못한 뜻풀이요 얼거리였습니다만, 삶터를 바꾸고 살림을 새로 가꾸면서 비로소 눈에 들어오고 마음으로 느낀 뜻풀이예요.

서울 같은 큰고장에 너른 쉼터(공원)나 높은 멧골이 함께 있어도 이곳은 시골이 되지 못해요. 집하고 길이 너무 많아서 사람들이 저마다 제 땅을 못 누리거든요. 마당이든 텃밭이든 말이지요. 그런데 여느 낱말책을 살피면 '시골'을 "도시에서 멀리 떨어진 곳"으로 풀이하고 그쳐요. 오늘날 우리는 거의 모두 큰고장에서 살잖아요? 시골을 싫어하는 사람이 있고, 시골에 살기를 두려워하는 사람도 있는데, 정작 시골이 어떠한 곳인가를 낱말책 뜻풀이부터 제대로 못 밝히니, 사람들은 시골을 더욱 알 수 없겠구나 싶어요.

가만히 생각해 보면 좋겠어요. 돈이 많든 적든 배움터를 오래 다녔든 아니든 사내이든 가시내이든 나이가 많든 적든, 누구나 제 땅에서 삶을 가꾸고 살림을 지을 수 있으면서 맑은 물하고 바람을 누리는 곳이 '시골'일 텐데, 이렇게 살아갈 수 있는 터전이라는 뜻을 낱말책에서 못 밝히면 어떻게 될까요? 이때에 우리는 무엇을 볼까요?

국립국어원 표준국어대사전	어린이문학 : 1. [문학] 어린이를 대상으로 그들의 교육과 정서를 위하여 창작한 문학. 동요, 동시, 동화, 아동극 따위이다 2. [문학] 어린이가 지은 문학 작품 그림책 : 1. 그림을 모아 놓은 책 2. 어린이를 위하여 주로 그림으로 꾸민 책 3. 그림본으로 쓰는 책 4. '화투'를 속되게 이르는 말 동시 : 1. [문학] 주로 어린이를 독자로 예상하고 어린이의 정서를 읊은 시 2. [문학] 어린이가 지은 시

푸름이 여러분은 동시나 동화를 요즈음 읽는가요? 이제는 안 읽고 소설과 어른시만 읽나요? 어때요? 동시나 동화 같은 어린이문학은,

또 그림책은 푸름이 나이에는 멀리하거나 안 읽을 이야기나 책일까요? 어린이만 읽어야 하는 어린이문학이거나 그림책일까요?

낱말책 뜻풀이를 보면 어린이문학이든 그림책이든 동시이든 다 '어린이만 보는' 틀로 담습니다. 자, 이 뜻풀이를 그러려니 하고 지나칠 수 있습니다만, 무척 많은 분들이 이 뜻풀이가 알맞지 않다고 여겨요.

그런데 무척 많은 분들이 이 뜻풀이가 알맞지 않다고 여겨도 정작 국립국어원을 비롯한 여러 곳에서는 이런 뜻풀이를 바로잡거나 손질하거나 고치려고 하지 않아요. 왜 그럴까요?

아무래도 적잖은 어른들이 어린이문학을 안 읽거나 그림책을 안 들여다보는 탓일 수 있어요. 푸름이 여러분 같은 딸아들을 낳아서 돌보는 어버이 자리에 서서 어린이문학이나 그림책을 가까이한 어른이라면 흔히 이렇게 말한답니다. "와! 이렇게 아름답고 재미난 책이 어린이문학이었네? 어쩜 이렇게 눈물겹고 웃음나며 사랑스러운 그림책이 다 있을까? 그야말로 쉽고 재미나게 이야기를 풀어내는 동화이고 그림책이네!" 이리하여 '동화읽는 어른'이라는 이름으로 모임이 있답니다. 동화나 동시나 그림책은 '어린이부터 누구나 누리고 즐기고 나누면서 삶을 새롭게 바라보는 사랑을 배운다'는 마음을 주고받으려고 해요. 제가 쓰는 우리말꽃에는 다음처럼 '어린이문학·그림책·동시' 같은 낱말을 풀이하려고 합니다.

아동문학 → 어린이문학

어린이문학 : 삶을 사랑하는 슬기롭고 상냥한 이야기를 어린이 눈높이로 담아서 누구나 읽고 누리고 나누고 즐길 수 있는 글. 어른이 쓰기도 하고 어린이가 쓰기도 한다. 어린이문학은 어린이만 읽는 글이 아닌 어린이부터 다같이 읽고 누리며 나누는 글이다

그림책 : 1. 그림을 모으거나 엮거나 담은 책 2. 삶을 사랑하는 슬기롭고 상냥한 이야기를 그림을 바탕으로 엮은 책. 그림을 바탕으로 줄거리를 엮어서 이야기를 들려주는 책. 아기나 어린이도 쉽게 알아보거나 느끼도록 엮기 마련이고, 아기나 어린이부터 누구나 즐길 수 있는 책

동시 (= 노래꽃): 삶을 사랑하는 슬기롭고 상냥한 노래. 어린이 스스로 쓰는 동시가 있고, 어른이 써서 어린이하고 함께 읽는 동시가 있다. 동시는 누가 쓰든 어린이부터 누구나 읽을 수 있는 시인데, 시란 우리가 나누는 말을 마치 노래처럼 누리는 글이기에, 따로 '노래꽃'이라 해볼 수 있다. 동시도 시도 '노래꽃'이라 할 만하다

어느 낱말 하나에 뜻을 제대로 붙일 수 있다면, 이리하여 제대로 붙인 뜻풀이를 찬찬히 읽고 생각하는 사람이 늘어난다면, 우리는 어

느 낱말 하나를 제대로 알아차릴 수 있을 뿐 아니라, 삶과 살림과 사람과 사랑을 모두 새롭게 바라보면서 스스로 씩씩하게 일어서는 힘을 찾아내거나 키울 수 있답니다.

그나저나 제가 말풀이를 달기 어려웠던 낱말을 굳이 꼽아 보라면 '생각'이라든지 '사랑'이라든지 '하다'라든지 '있다'처럼, 아주 쉽고 흔한 낱말이에요. '보다'나 '주다'나 '가다' 같은 낱말도 섣불리 뜻풀이를 마무리하기 어려워요. 이를테면 '생각'이나 '사랑' 같은 낱말은 뜻풀이를 붙여서 마무리하기까지 여섯 달이 걸렸어요. 여섯 달을 써서 낱말 하나를 풀이했답니다. '보다'나 '주다'는 석 달쯤 걸렸고요.

이렇게 말해도 되겠는데요, 우리가 '흔히 어렵다고 여기는 낱말'은 오히려 뜻풀이가 쉽습니다. 우리가 '으레 쉽다고 여겨서 낱말책에서 거의 안 찾아보는 낱말'이 도리어 뜻풀이가 어렵다고 할 수 있어요. 이 대목이 참 재미있어요. 생각해 봐요. 푸름이 여러분이 우리말꽃에서 '있다·보다·주다'나 '생각' 같은 낱말을 찾아보나요? '시골' 같은 낱말도 그렇고요. 그런데 오히려 이런 낱말, 사람들이 낱말책에서 잘 안 찾아볼 듯한 낱말이야말로 뜻풀이를 제대로 붙이기까지 훨씬 긴 나날에 오랜 품을 들여야 한답니다. 전문용어 같은 낱말은 뜻풀이가 대단히 쉬워요. 삶말이나 살림말은 뜻풀이에 오래오래 마음을 써야 하고요.

21

새말을 사전에 어떻게 담나요?

물어봅니다

새로운 말이 생겨나잖아요, 신조어 같은 거.

그럴 때는 어떻게 사전을 쓰세요?

새로운 말이라고 하더라도 아주 새로운 말은 있을 수 없어요. 겨울이 되면 두꺼운 옷을 입지요? 두꺼운 옷을 가리키는 새로운 말이 있을까요? 새로운 말이 있다고 해도 예전부터 쓰는 말을 바탕으로 엮는 말밖에 안 돼요. 그런데 처음에 '겨울'이라고 하는 낱말을 지은 사람은 아무것도 없는 자리에서 '겨울'이라는 말을 지었어요. '옷'이라는 낱말도 그렇고요, '땅'이라는 낱말도 그렇지요. 더 쪼갤 수 없는 맨 밑바닥에 있는 말을 처음 지은 사람들은 아무것도 없는 자리에서 새로운 숨결을 지었어요. 새로운 생각을 지었다고도 할 만하지요.

그동안 쓰지 않던 어떤 말이 태어났다고 하면, 재미있는 일이 아닌가 싶어요. 새로 나타나는 말을 싫어하거나 걱정하는 분도 있습니다만, 처음에는 어지럽고 어수선한 데에서 태어나요.

영어로 '카오스'라고 하는데, 이 영어 카오스를 보기로 들으며 생각해 보지요. 우리말에 없는 영어라 할 테지만, 이 뜻을 나타낼 말을 우리 나름대로 새로 지어 볼 만해요. 어지럽거나 어수선한 데에서 새로운 것이 태어난다는 뜻을 한자말로는 '혼돈'으로 담더군요. 그러면 우리말로는 '어수선'이나 '어지럼'으로 담을 수 있어요. '어수선길'이나 '어수선짓'처럼 말끝을 늘려 보아도 됩니다. '어수선판'이나 '어수선마당'이라든지 '어지럼판'이나 '어지럼마당'이라 해 보아도 어울려요. 예전부터 쓰던 '북새통'을 되살릴 수 있고 '북새판'처럼 말끝을 바꾸어도 돼요. '북적대다'를 '북적판'으로 바꾸어도 어울리겠지요.

쉬운 말이 평화

새롭게 태어나는 말을 낱말책에 담는다고 할 적에는 그냥 떠도는 말을 그저 주워담을 수 없어요. 사람들이 한때 엄청나게 쓴다 하더라도 떠돌이말, 이른바 유행말은 떠돌다가 사라져요. 이런 말은 낱말책에 굳이 안 담아도 되어요. 한때 떠돌다가 사라지는 말은 그냥그냥 조용히 사라지지요. 그렇지만 모든 새말을 재미있게 바라볼 수 있으면 좋겠어요. 이 새말이 태어난 바탕이나 뿌리나 얼개를 살피면서, 그리고 이 새말을 발판으로 삼아서, 또 어떤 말을 새롭게 지을 수 있는가를 헤아립니다.

새말이 좋거나 나쁘다고 가르기 앞서, 말을 새로 지은 틀을 헤아려야지 싶어요. 우리는 누구나 말을 얼마든지 새롭게 지을 수 있거든요. 시골말이라는 사투리가 바로 사람들 스스로 지은 말이에요. 똑같은 것을 놓고 고장마다 낱말이 아예 다르거나 말끝이 살짝 다르지요. 스스로 지은 말이니 다를 수밖에 없답니다.

곧, 말이란, 이렇게 생각해 볼 수 있어서 재미있고, 저렇게 헤아릴 수 있어서 즐겁습니다. 어떤 말이 좋은 말이고 아니고를 따질 까닭은 없어요. 둘레에서 또는 어른들이 또는 배움터에서 그 말이 나쁘니까 쓰지 않아야 한다고 여기는 말이 있잖아요? 저는 그런 금긋기를 굳이 따지지 않아요. 누구인지 모르지만 그 말을 어떻게 지었을까를 생각해 보지요.

'혼밥'이라는 말이 퍼지면, 떠돌이말인가 아닌가 생각해 보기도 하지만, '혼밥'에 이어 '혼술'이 태어나듯이 '혼놀이'나 '혼마실'처럼 또 새말을 지으면 어떨까 하고 생각해요. '혼집'이나 '혼일'이나 '혼읽기' 같은 말을 새로 지어도 어울리려나 하고 생각을 기울여 봅니다. '혼사랑'이라 하면 '짝사랑'하고 결이 다른 새말이 되어요.

어느 말을 놓고서 사람들이 뜻이나 결이나 느낌이 좋지 않다고 여긴다면, 이 말을 다시 어떻게 손질해 주어서 재미나게 지을 수 있는 바탕으로 뜻이나 느낌이나 결이 좋을 수 있도록 바꿀 만하거나 지을 만할까를 생각해 봅니다. 두 가지를 같이 생각해 봐요. 곰곰이 지켜본답니다. 바로 낱말책에 실을 수는 없기 때문에 한동안 쓰다가 사라지는 말이 있고, 한동안만 쓰지 않고 앞으로도 쓸 수 있는 말이 있어요. 한동안 쓰다가 사라지는 말을 몽땅 낱말책에 담으면 낱말책은 너무 두껍고 커서 오히려 이바지를 못 하기 때문에, 낱말책에 싣는 말은 사람들이 이 낱말책에 실린 말을 바탕으로 삼아서 더 새롭게 말을 지을 수 있도록 이끌어 주어야 알맞다고 봅니다.

새롭게 태어난 말이라고 해서 싣는다기보다 새로운 말을 지을 수 있는 실마리나 징검다리가 되는 말을 싣는 구실이 바로 낱말책이라고 할 수 있습니다.

쉬운 말이 평화

22

뜻풀이를 어떻게 손질하나요?

 물어봅니다

뜻풀이를 어떻게 그렇게 손질해 낼 수 있나요? 궁금해요.

뜻풀이를 어떻게 손질하는지 몇 가지 낱말을 보기로 삼아서 이야기해 볼게요. 어렵게 생각하면 어렵지만, 쉽고 부드러이 생각하면 쉽고 부드럽답니다. 손석춘 샘님이 쓴 책에 나오는 낱말 가운데 몇 가지 뜻풀이를 새로 붙여 본 적이 있어요. 어느 낱말을 어떻게 새 뜻풀이로 붙여 보았는지 옮길게요.

㉠ 바투

| 숲노래 말꽃 | 1. 둘·서로가 붙다시피 2. 때·날·길이가 아주 붙다시피 |
| 국립국어원 표준국어대사전 | 1. 두 대상이나 물체의 사이가 썩 가깝게 2. 시간이나 길이가 아주 짧게 |

가깝거나 짧다고 하는 모습을 나타내는 '바투'예요. 그런데 국립국어원 사전 뜻풀이로는 "썩 가깝게"나 "아주 짧게"라고만 적어서 어떤 결인가를 알기가 어렵습니다. '바투'는 "바투 다가앉다"처럼 씁니다. 마치 서로 붙는구나 싶은 모습을 나타내요. 그러니 뜻풀이에 '서로 붙는다'는 느낌을 알 수 있도록 보태야 알맞습니다. 여러 사람이 붙듯이 있기도 할 테니 "둘·서로가 붙다시피"처럼 뜻풀이를 보태기도 합니다.

쉬운 말이 평화

ⓛ **습벅이다**

숲노래 말꽃

1. 눈을 감다가 뜨다가 하다 ('깜빡이다'하고 비슷한데, '습벅이다'는 눈꺼풀 움직임을 느낄 만하도록 눈을 감다가 뜬다면, '깜빡이다'는 눈꺼풀 움직임을 느낄 만하지 않도록 눈을 감다가 뜬다) 2. 눈이나 살을 속으로 찌르는 듯해서 좀 싫도록 견디기 어렵다

국립국어원
표준국어대사전

1. 눈꺼풀이 움직이며 눈이 감겼다 떠졌다 하다. 또는 그렇게 되게 하다 2. 눈이나 살 속이 찌르듯이 시근시근하다

예전에는 '습벅이다'를 '깜빡이다' 못지않게 썼지만, 요새는 '습벅이다'는 잘 안 써요. 이때에는 두 낱말 '습벅이다·깜빡이다'가 어느 결에서 다른가를 함께 알도록 짚으면 좋겠습니다. 그래서 '습벅이다' 뜻풀이에 굳이 '깜빡이다'하고 결이 어떻게 다른가를 보태지요. 거꾸로 '깜빡이다' 뜻풀이에도 이렇게 '습벅이다' 뜻풀이를 보태면 더 좋겠지요.

ⓜ **더께**

숲노래 말꽃

1. 오랫동안 내려앉거나 붙어서 단단하게 모이거나 보기에 안 좋은 것 2. 자꾸 쌓이거나 붙은 것. 겹으로 된 것

국립국어원
표준국어대사전

1. 몹시 찌든 물건에 앉은 거친 때 2. 겹으로 쌓이거나 붙은 것. 또는 겹이 되게 덧붙은 것

'때'랑 '더께'는 비슷하지만 달라요. 그런데 국립국어원 사전은 '더께'를 풀이하면서 '때'란 낱말을 끌어들여요. 이러면 뜻풀이가 엉킵니다. '더께·때'는 따로 풀이하고, 서로 풀이말에 안 써야 올발라요. 그리고 "거친 때"라고만 하면 더께라고 하는 것이 어떠한가를 잘 알기 어렵습니다. 낱낱이 풀어서 알려주어야 합니다.

㉣ 고갱이

숲노래 말꽃	1. 풀·나무에서 줄기 한가운데에 부드럽게 있는 것 2. 가운데나 복판이 될 만한 곳·자리·것. 또는 가운데나 복판이 될 만큼 뜻있거나 크거나 값있는 사람·살림·것·곳을 가리키는 말
국립국어원 표준국어대사전	1. [식물] 풀이나 나무의 줄기 한가운데에 있는 연한 심 2. 사물의 중심이 되는 부분을 비유적으로 이르는 말

지난날에는 누구나 푸나무를 가까이하며 살았기에 '고갱이'는 흔한 말이었고, 여느 자리에서도 얼마든지 빗대면서 썼어요. 이제는 서울살이로 몰리면서 푸나무를 가까이하는 분이 줄었기에, 이 낱말을 모르는 분이 많은 듯합니다. 이런 대목도 헤아려서 첫째 뜻풀이하고 둘째 뜻풀이에 찬찬히 살을 입히면 좋겠어요.

쉬운 말이 평화

ⓔ 골골샅샅

숲노래 말꽃 어느 하나도 빠지지 않은 곳. 어느 한 곳도 빠지지 않게 (골골 + 샅샅. 골 = 멧골/고을. 온 멧골이나 온 고을을 하나하나 깊고 넓게 살피는 느낌을 담은 말씨)

국립국어원
표준국어대사전 한 군데도 빠짐이 없는 모든 곳 = 방방곡곡

'골골 + 샅샅'인 '골골샅샅'이에요. '골'은 멧골이나 고을을 나타내는 낱말이랍니다. 그러니까 "온 멧골이나 온 고을"을 "샅샅이" 어떻게 하는 모습이나 몸짓을 '골골샅샅'으로 가리키지요. 그런데 국립국어원 사전은 '군데'하고 '곳'이란 말을 앞뒤로 넣었어요. 이 대목도 다듬을 노릇입니다. 어느 곳도 "빠지지 않게" 한다는 바탕뜻을 살리면서 풀이말을 추스르면 좋아요. 묶음표에 보탬말을 넣어 보는데요, 이런 보탬말은 '골골샅샅'이 어떻게 태어났는가 하는 말밑을 알려주는 셈이에요.

다섯 낱말을 놓고 이야기해 보았어요. 어떻게 보면 좀 어렵지 않느냐고 여길 수 있겠지요. 그러나 우리 누구나 조금 더 생각을 기울이거나 마음을 쓴다면, 차근차근 바로잡거나 가다듬거나 손질하면서 알차게 가꿀 수 있어요.

23

'트라우마'하고 '마음앓이'

'트라우마'같은 "정신 충격을 받아 그 비슷한 상황이 연출될 때 다시 극심한 공포를 느끼는 후유증"이란 의미가 충분히 전달될 만한 다른 말이 있을까요?

영어사전을 살피면 '트라우마'를 "마음의 상처"쯤으로 풀이합니다. 저는 '상처(傷處)'라는 한자말을 안 써요. '생채기'란 낱말이 있어서 '생채기'를 씁니다. '생채기'라고만 해도 몸이나 마음에서 다친 곳이 있다고 넉넉히 나타내요. 한자말 '상처'도 그렇지요. "나, 상처 받았어." 하고 말할 적에는 "마음이 다쳤다"는 뜻이면서 "마음이 다쳐서 '앙금'이 남았다"는 느낌이에요. 그러니까 '앙금'이란 말을 써도 어울리지요.

어느 때이든 예전에는 어떤 말을 어떻게 썼을까를 헤아리면 좋겠어요. 예전에는 수수하게 "생채기가 남았다"라 했을 테고 "마음이 다쳤다·마음을 다쳤다"라 했겠지요. 그리고, 이렇게 다쳐서 오래도록 뒤앓이(← 후유증)'가 있다고 할 적에는 '고름'이나 '앙금'이 있다고 말해요. 그냥 '뒤앓이'라고도 했어요.

그리고 '마음앓이·가슴앓이·속앓이'란 말이 있어요. 힘주어서 '고름덩이'나 '피고름'이라 해도 되겠지요. '괴로움·괴롭다'라든지 '아픔·아프다'를 써도 되어요. 그리고 '마음아픔'을 쓸 만한 자리도 있어요. 찬찬히 간추릴게요.

트라우마 → 가슴앓이, 가슴앓이하다, 속앓이, 속앓이하다, 고름, 고름덩이, 괴로움, 괴롭다, 뒤앓이, 마음앓이, 마음앓이하다, 마음아픔, 마음아프다, 마음고름, 생채기, 아픔, 피고름, 앙금, 멍, 멍들다, 멍울, 피멍

늘 똑같은 말을 쓸 까닭은 없어요. 흐름을 살펴서 여러 말을 고루 쓸 수 있어요.

마음앓이(마음앓이하다) ← 마음고생, 내면의 상처, 한(恨), 속병, 전전긍긍, 성장통, 심적 고통, 트라우마, 쇼크, 정신적 충격, 후유증, 내상(內傷)

아픔 ← 고통, 상처, 통각, 한(恨), 원한, 원망, 비애, 치부(恥部), 벌(罰), 트라우마, 쇼크, 정신적 충격, 후유증, 내상(內傷), 내면의 상처, 속병, 심적 고통, 마음고생

'마음앓이'이든 '아픔'이든, 또 '앙금'이든 '고름'이든 쓰임새가 넓습니다. 살갗이나 몸 어느 곳이 다쳤을 때를 가리키기도 하지만, 마음이 다쳤다든지, 몸이나 마음이 다쳐서 그 느낌이 오래도록 이어진다고 할 때에도 두루 써요. 마음 한쪽이 다쳤다는 뜻만 나타내고 싶다면 '마음–'을 앞에 붙이면 좋으리라 생각해요. 그래서 '마음앓이·가슴앓이·속앓이' 같은 말을 사람들이 널리 쓴다고 느껴요. 이 얼거리대로 '마음고름·마음멍·마음멍울' 같은 말도 지어서 쓸 만합니다.

그래요. 마음에 '멍'이 들었네요. '마음멍·마음멍울'하고 '멍·멍울' 같은 말도 어울립니다. 맞거나 부딪혀서 멍이 든다고 해요. 멍은 하루아침에 빠지지 않아요. 멍은 무척 오래 남기도 하고, 아예 뿌리내리기도 합니다. 사람들 마음·가슴에 갖가지 아픔이나 괴로움이나 슬

품으로 맺힌 자리란 '마음멍·마음멍울'로 잘 나타낼 수 있겠구나 싶어요. 부디 모두들 멍울을 지울 수 있도록 서로서로 곱게 다독여 주면 좋겠어요.

24

'로하스'를 우리말로

저는 친환경이나 생태적인 활동에 관심이 많아요. 그래서 로하스 모임도
하는데요, '로하스'라는 영어를 우리말로 풀어낼 수 있을까요?

어른도 우리 삶터를 아름답게 가꾸어 즐겁게 살아가는 길을 가면 좋아요. 어린이하고 푸름이도 스스로 푸른들이며 파란하늘 같은 마음으로 우리 터전을 한결 아름답고 사랑스레 가꾸면서 활짝 웃는 길을 가면 좋고요. 이러한 길에 마음이 있다고 하니 반갑습니다.

저는 몇 해 앞서 '로하스(LOHAS)'란 말을 처음 들었어요. '로하스'는 2000년에 태어난 영어이고, "Lifestyle of Health and Sustainability"(건강한 삶과 지속 가능한 환경을 위한 생활 방식)를 줄인 이름이라 합니다. 어떻게 살아가면 좋을까 하는 다짐을 찬찬히 풀어서 적은 뒤 간추려서 'L.O.H.A.S.', 이렇게 앞머리를 따서 이름을 엮었구나 싶어요.

저한테 물어보셨듯이, 이 '로하스'는 영어를 쓰는 나라에서 영어를 알맞게 줄여서 엮은 이름입니다. 영어를 쓰는 나라에서는 스스럼없이 쓸 테고, 뜻도 쉽게 와닿을 만해요. 우리나라에서라면 우리말로 먼저 다짐을 찬찬히 적어 보고서, 이를 알맞게 줄여서 새롭게 이름을 엮으면 되리라 느껴요. 이를테면 다음처럼 생각해 볼 만해요. "튼튼하며 푸르게 오래가는 삶"처럼 다짐을 한다면 '튼푸오삶'이 되어요. "한결같이 푸르게 가꾸는 삶"이나 "한결같이 즐겁고 푸른 삶"처럼 다짐을 한다면 '한푸가삶'이나 '한즐푸삶'이 되고요.

줄여서 말할 적에 한결 듣기에 좋겠구나 싶도록 낱말을 엮어 보면 좋겠어요. 그러면 우리는 저마다 다르면서 저마다 새롭고 재미난 이름을 줄줄이 얻을 수 있습니다.

또는 단출하게 새이름을 지을 수 있어요. 저는 '로하스'란 이름을 놓고서 '참살림·참짓기'나 '푸른길·푸른삶·푸른살림·푸른짓기' 같은 이름을 지어 보겠습니다. 낱말에 뜻이 드러나는 그대로, 참답게 살림을 가꾼다면 '참살림'이라 하면 되어요. 푸르게 오래도록 삶을 짓는 길이라면 '푸른길'이라 하면 되지요. 참다이 짓거나 푸르게 짓는다는 다짐으로 '참짓기·푸른짓기'라 할 수 있어요.

푸른 벗님이 몸을 담은 모임에서는 그 모임에서 쓸 이름 하나를 즐겁게 지으면 됩니다. 다른 분들은 다른 모임에서 다른 이름을 즐겁게 지으면 되어요. 로하스 모임을 한다고 해서, 모든 로하스 모임이 똑같은 이름을 쓸 까닭은 없어요. 이곳에서는 "푸른길 모임"이라 하고, 저곳에서는 "푸른꽃 모임"이라 하고, 이쪽에서는 "참살길 모임"이라 하고, 저쪽에서는 "푸른삶 모임"이라 할 수 있어요.

25

'북큐레이션'하고 '책시렁'

샘님은 사전을 쓰면서 책을 무척 많이 읽으신다고 들었어요. 저도 책읽기를 좋아하고 글쓰기도 하고 싶어요. 앞으로 저만의 책방도 열고 싶어요. 책방에 갈 적마다 그곳 북큐레이션을 유심히 들여다보곤 해요. 샘님은 사전을 쓰면서 모은 책으로 서재도서관을 하신다고도 했는데, 서재도서관은 어떤 곳이고 그곳 북큐레이션이 궁금해요. 그런데 북큐레이션이란 말을 써도 되나요? 다른 좋은 말이 있을까요?

저는 처음부터 사전을 쓸 마음은 아니었어요. 고등학교를 다니며 대학입시를 치르려고 하던 때가 1991~1993년인데요, 이때에 오늘날 같은 수학능력시험이란 이름으로 틀이 바뀌고, 학교에서 여러 샘님이 갈팡질팡하면서 교육부에 어떻게 대입시험을 맞이해야 하느냐고 묻는데, 국어 샘님은 저희더러 '국어사전을 사서 읽으라'는 말 하나를 들려줍니다. 딱히 길이 없었다더군요.

재미있게도 그때에 국어사전을 산 사람은 저 빼고 없었지 싶어요. 다들 국어사전을 안 사더군요. 동무들이 뭐라 했느냐면 "야, 우리가 우리말을 못하냐? 무슨 국어사전을 봐?"예요. 저는 국어사전을 사서 읽으면서 동무들한테 대꾸했지요. "넌 영어사전도 없이 영어를 배울 수 있니?" 하고요.

이렇게 국어사전을 읽다 보니 우리 낱말책이 참 얼토당토않을 뿐더러 엉망인 줄 느꼈습니다. "이런 엉터리 사전이라면 차라리 내가 써야지!" 하고 고등학교 2학년 무렵에 생각했어요. 그때부터 얼결에 이 길을 왔는데, 2007년에 또 얼결에 도서관을 열었습니다. 낱말책을 쓰는 길을 가면서 도움책을 잔뜩 장만하거든요. 낱말책을 쓰려면 그야말로 갖가지 책을 끝없이 사서 읽고 돌아보고 살피고 들춰야 해요. 이 책이 가득가득 모여 저절로 도서관이 되었습니다.

우리 푸름이가 앞으로 "내 책집"을 열고 싶다고 꿈을 꾼다니 멋집니다. 틀림없이 아름책집을 꾸리리라 생각해요. '아름책집'이라 했는

쉬운 말이 평화

데, "아름다운 책집"을 줄인 이름입니다.

　책집이든 도서관이든, 책을 책집지기 나름대로 살펴서 갖추고 꽂아 놓는 모습을 통틀어 '북큐레이션'이라 하지 싶은데, "장서 선별·진열"이라 할 테고, 도서관 일을 맡는 분들은 일본 한자말 '수서(收書)'를 쓰더군요. 일본 한자말 '수서'는 일본말이기도 해서 낱말책에 없습니다.

숲노래 말꽃

서가(書架), 북큐레이션 → 책들임. 책갈무리

사서(司書), 북큐레이터 → 책지기. 책꽃지기. 책빛지기

책들임(책갈무리) : 갖추려고 하는 책을 살피거나 알아보거나 찾아나선 다음, 이 책을 장만해서 저마다 알맞을 자리에 보기 좋게 꽂거나 두어서, 쉽게 찾을 수 있도록 돌보는 일. 갖추어 놓은 책을 새롭게 꾸미거나 펼치거나 나누면서, 여러 책을 한결 즐겁고 남다르게 누리거나 느끼거나 읽도록 돌보는 일

책지기 : 1. 책을 쓰거나 엮거나 짓거나 펴는 일을 하는 사람 2. 책을 다루거나 돌보거나 지키는 일을 하는 사람

책꽃지기(책빛지기) : 1. 책을 아름답게 쓰거나 엮거나 짓거나 펴는 일을 하는 사람 2. 책을 곱게 다루거나 돌보거나 지키는 일을 하는 사람

아직 우리말로 마땅하거나 알맞다 싶은 낱말이 없다면 새말을 지을 수 있어요. 책을 꽂아 놓는 '책꽂이·책시렁' 같은 낱말을 살려서 써도 어울리고, 책을 갖추어서 보기 좋게 놓는 대목을 드러내는 '책들임·책차림'이란 말을 지어서 쓸 만합니다. 또 책이 빛나도록 가다듬는다는 뜻으로 '책꽃·책빛'이란 이름을 쓸 수 있어요. 이런 이름을 쓴다면 '북큐레이션'을 하는 '북큐레이터'를 가리키는 이름은 '책꽃지기·책빛지기'라 할 수 있어요.

책마루 ← 서재, 독서실

책마루숲 ← 서재도서관

책숲(책숲집) ← 도서관, 라이브러리, 책문화, 책세계, 책세상

책숲마실(책집마실) ← 책방순례, 책방여행, 북투어

저는 제가 사서 읽고 건사한 책으로 도서관을 꾸리기에 '서재도서관'이에요. 서재가 도서관이 되었으니 서재도서관이랍니다. 그런데 이 이름을 새롭게 바라볼 수 있어요. 먼저 '서재'라고 하는 곳은 집에 있는 마루 같은 곳이요, 마루인데 책이 있다는 뜻으로 '책마루'라 할 만합니다. 이 책마루가 도서관 노릇으로 뻗는다면 '숲'을 말끝에 붙여 '책마루숲'이라 할 수 있답니다.

우리가 읽는 책은 숲에서 자라던 나무예요. 책 하나하나가 나무이

면서 숲이랍니다. 이 결을 깊고 넓게 생각하자는 마음으로 '책 + 숲'
같은 이름을 지을 만합니다. 책으로 이룬 숲이기에 '책숲'이요, 책으
로 이룬 숲이면서 포근한 보금자리 같기에 '책숲집'입니다. 우리가
새로운 책을 만나려고 나들이를 다닌다면 '책숲마실'이나 '책집마실'
이란 이름을 쓸 수 있어요.

> 책숲 : 숲처럼 있는 책. 책으로 이룬 숲. 숲을 이루던 나무가 책으
> 로 바뀌고서, 이러한 책을 차곡차곡 두어 마치 숲을 옮긴 듯이 여
> 러 가지 책이 어우러지면서 푸른 이야기가 흐르는 곳
> 책숲집 : 책이 숲처럼 있는 집. 숲을 이루던 나무가 책으로 바뀌
> 고서, 이러한 책을 차곡차곡 두어 마치 숲을 옮긴 듯이 여러 가
> 지 책이 어우러지면서 푸른 이야기가 흐르는 집. '도서관'을 가
> 리킨다
> 책숲마실(책집마실) : 바라는 책을 찾거나, 여러 책집을 느긋하
> 게 누리고 싶어서 찾아다니는 일. 책이 되어 준 나무가 자라던
> 숲, 책이 되기 앞서 나무가 살며 푸르게 빛나던 숲, 이러한 숲을
> 온마음으로 맞아들여서 온몸으로 새롭게 느낄 책을 만나고 읽으
> 려는 뜻으로 돌아다니는 일

영어 '북(book)'을 쓰면 다른 영어가 잇따르기 마련이에요. '북큐레

이선'뿐 아니라 '북콘서트'나 '북페어'나 '북토크' 같은 말을 쓸 테지요. 수수하게 '책'이란 말을 쓰면 '책들임·책갈무리·책차림'을 지나 '책지기·책꽃지기·책빛지기'를 거치고 '책노래·책놀이'나 '책잔치·책마당'이나 '책수다·책얘기' 같은 말을 씁니다.

26

에스엔에스(SNS)는 언어파괴를 할까?

요즘 에스엔에스상에서 언어파괴가 심각하다고 해요. 짧게 줄여서 쓰느라 맞춤법이나 띄어쓰기를 무시하기도 하고 급식체 같은 말을 쓰기도 하잖아요. 이런 언어파괴는 어떻게 고칠 수 있을까요?

저는 1993년까지 고등학교에 다녔습니다. 고등학교에 다닐 적에 제 또래 가운데 피시통신은 거의 아무도 안 했지 싶습니다. 새로 바뀐 대학입시를 쳐다보느라 바쁘기도 했거든요. 우리 형은 저보다 세 살 위였고, 저보다 일찍 고등학교를 마치고서 '천리안·하이텔' 같은 이름이 있던 'PC통신'이 처음 생길 때부터 드나들었어요. 저는 모든 대학입시가 끝난 1993년 12월부터 피시통신이 뭔가 하고 들여다보았고, 이듬해에 갓 태어난 '나우누리'를 만났어요. 이즈음 인천에서는 '인디텔'이란 이름으로 인천이란 고장 이야기를 스스로 새로 지어서 펴는 누리판이 처음 열리기도 합니다. 이런저런 피시통신이 한창 뜰 무렵, '어른'이란 이름인 분들은 "피시통신이 언어파괴의 주범이다!" 하고 윽박질렀습니다. 아마 1994년부터 이런 말을 신물나게 들었어요.

피시통신보다 조금 이르게 '삐삐'가 퍼졌어요. 삐삐도 피시통신 못지않게 "한글파괴의 주범이다!" 같은 윽박말을 들었습니다. 그런데 2000년을 넘어서며 인터넷이 생기고 피시통신이 저물어 가니 바야흐로 "인터넷이 언어파괴의 주범이다!"로 말이 바뀌더군요. 어느덧 2010년을 넘어 2020년으로 나아가니 "에스엔에스가 언어파괴의 주범이다!"로 말이 바뀝니다.

몇 마디로 지난 1990~2020년 사이 서른 해 사이를 이야기했습니다만, 2030년이나 2040년이 되면 또 이때에 나올 새로운 누리판을 놓고서 '어른'들은 "언어파괴의 주범"을 찾아나서리라 싶어요. 그런데, '언어파괴'란 무엇일까요? 어떤 말을 누가 어떻게 왜 부수거나 허문다는 것일까요?

우리 삶터에서 어른들이 걱정하거나 나무라는 '언어파괴'를 돌아보면, 바로 '갑갑하거나 딱딱하거나 차갑게 세운 울타리에서 쓰는 말을 거스르거나 손사래치는 몸짓'이지 싶습니다. 갑갑한 말이 아닌 트인 말로 가려는 생각으로, 딱딱한 말이 아닌 싱그러운 말로 가고픈 마음으로, 차가운 말이 아닌 포근한 말을 쓰려는 몸짓이라고도 여길 만해요. 낡은 말이 아닌 새로운 말에 새로운 생각과 살림과 삶과 사랑을 담고 싶은 몸부림이라고도 할 만하고요.

| 시내버스 알림글 | 승객 여러분의 안전을 위해 손잡이를 꽉 잡아 주세요 |
| 공사장 알림글 | 안전모 미착용자는 현장내 출입을 금합니다 |

어른들은 시내버스나 공사장에서 이 같은 알림글을 내겁니다. 이런 말은 얼마나 우리말스러울까요?

| 숲노래 글손질 | → 손님 여러분이 안 다치도록 손잡이를 꽉 잡아 주세요 |
| | → 안전모자를 안 쓰면 이곳에 못 들어옵니다 |

요즈음 공사장 일꾼이 거의 이웃일꾼(이주노동자)입니다. 이웃일꾼 가운데 한글을 읽는 이는 적습니다. 겨우 한글을 읽는다 하더라도 "안전모 미착용자"나 "현장내 출입을 금합니다"를 얼마나 알아차릴까 모르겠습니다. 한글을 읽고도 못 알아볼 글을 적는 어른들 말씨는 아닐까요? 오늘날 '언어파괴'란 바로 이처럼 딱딱하고 낡은 말씨를 걷어치우고 싶은 젊은 바람은 아닐까요?

요 몇 해 사이에 '최애'나 '애정하는' 같은 말씨가 쫙 퍼집니다. 이 말씨는 아무래도 누리길(에스엔에스·SNS)을 발판으로 퍼졌을 텐데요, 일본 한자말을 함부로 끌어들인 '어른'들이 쓰는 말씨입니다. 어린이나 푸름이는 이런 일본 한자말을 알기도 어렵고 알 길도 없겠지요. 어린이나 푸름이는 바로 '어른들이 퍼뜨린 말씨를 어깨너머에서 지켜보다가 따라서 쏠' 뿐입니다.

최애 아이템 → 즐기는 것 / 가장 좋은 것 / 으뜸으로 좋은 것 / 으뜸것 / 사랑것
애정하는 말 → 사랑하는 말 / 좋아하는 말 / 즐기는 말 / 사랑말 / 즐김말

우리말은 "가장 좋은"이나 "가장 아끼는"이나 "가장 사랑하는"입니다. 때로는 "가장 즐기는"이나 "가장 신나는"이라 해도 될 테지요. '가장'은 '으뜸'하고 맞물리기에 "최애 아이템"이라면 '으뜸것'으로 담아내어도 되어요. '사랑것'이라 해도 될 테고요.

쉬운 말이 평화

곰곰이 생각해 봐요. '언어파괴'를 일삼는 쪽이라면 어린이나 푸름이도 아니요, 예전 피시통신도 아니며, 요즈음 인터넷이나 에스엔에스도 아니지 싶습니다. 우리가 재미나게 신바람을 내면서 쓸 우리말을 알맞게 가다듬거나 갈고닦거나 세우지 못한 '어른'이야말로 우리말을 무너뜨리거나 흔들거나 허문다고 해야 올바르지 싶습니다.

지난날 삐삐나 피시통신이나 오늘날 인터넷이나 에스엔에스는 이음길이에요. 사람하고 사람을 잇는 길인 이 자리를 바탕으로 온나라 사람이 한꺼번에 쉽게 만날 수 있으니 새로운 말을 아주 빠르게 나누거나 퍼뜨릴 만해요. 새말도 쉽게 나누거나 퍼뜨릴 수 있고, 얄궂게 퍼진 말씨도 다시금 돌아보도록 서로 바로바로 알려주면서 가다듬을 수 있습니다. '어른'들 생각처럼 걱정거리만 있지 않아요.

인터넷 홈페이지 → 누리집

인터넷 블로그 → 누리글집

에스엔에스(SNS) → 누리길, 누리마당, 누리판

낱말책에 '에스엔에스'는 안 나옵니다. 영어사전은 'SNS'를 "Social Network Service"로 풀이합니다. 어른들은 이를 '소셜 네트워크 서비스'나 '사회적 관계망'으로 풀이하기도 하지만, 그리 어울려 보이지 않아요.

'인터넷 홈페이지'를 '누리집'으로 풀어내면 좋다고 합니다. '네티즌'은 '누리꾼'으로 풀어내어 쓰기도 하는데, 저는 '누리님'으로 손질해서 쓰곤 해요. '누리'라는 낱말을 헤아리면 '에스엔에스'를 '누리길'이나 '누리판'으로 담아낼 만해요. 말 그대로 사람들 사이에 쫙쫙 퍼지는 길이나 마당이나 판이거든요.

이 누리길이 온누리를 잇는 길이 되도록, 나라 곳곳을 잇는 너른 판이 되도록, 새롭게 말을 살찌우고 생각을 북돋우는 한마당이 되도록, 즐겁게 마음을 쓰면 되리라 봅니다. '언어파괴 현상을 어떻게 고쳐야 할까?' 같은 생각이 아닌, '즐겁게 어깨동무하는 사랑스러운 말을 우리 스스로 어떻게 찾아서 쓰면 아름다울까?' 같은 생각으로 마음을 써 봐요.

ㄹ

온누리를 담는
그릇은

27

세계화 시대라는데

물어봅니다

세계화시대에 우리말은 살아남을 수 있을까요? 우리말 미래는 어떻게 될

까요?

푸른별(지구)에는 우리보다 작은 나라가 많아요. 우리는 남·북녘을 통틀면 2020년으로 쳐서 7500만이 넘는다고 합니다. 중국하고 일본하고 러시아하고 중앙아시아에 사는 한겨레를 더하면 훨씬 많지요. 더욱이 요새는 우리말을 배우는 이웃나라가 꽤 많아요. 유튜브라는 곳에 들어가 보면 스스로 우리말을 익혀서 우리말로 방송을 하는 여러 나라 이웃도 많답니다.

짧게 말씀드린다면 우리말은 넉넉히 살아남을 뿐 아니라 한결 크게 발돋움할 만해요. 그렇다면 우리는 이 우리말을 어떻게 가꾸면 좋을까요? 우리뿐 아니라 이웃나라 사람도 더 쉽게 배우고 즐겁게 쓰도록 더 아름답고 알차게 가꾸는 길을 가면 좋을까요, 아니면 깊이 헤아리지 않고 그냥 쓰기만 하면 좋을까요?

세계화 시대이든 우주화 시대이든 우리말은 잘 살아가리라 봅니다만, 자칫 틀에 박히거나 울타리에 얽매일 수 있습니다. 어느 고등학교에 이야기를 하러 갔다가 건물 어귀에 적힌 커다란 글씨를 보았습니다.

ㄱ. 고운 언어 사용하여 반갑게 인사해요

ㄴ. 단정하게 교복을 입고 밝은 미소로 답해요

학교 안팎뿐 아니라 삶터 곳곳에 나붙는 알림글을 들여다보면 막상 우리 삶에서 비롯한 말하고는 동떨어진 글자락이 많습니다. "왼쪽으로 걸읍시다"나 "오른쪽으로 가요" 하고 말하거나 글을 쓰면 될 텐데 "좌측 통행"이나 "우측 보행"처럼 딱딱한 일본 말씨가 고스란히 있습니다.

ㄱ → 말을 곱게 쓰고 반갑게 만나요
ㄴ → 옷을 깔끔하게 입고 밝게 웃어요

앞으로 어떤 일이 닥치더라도 우리말은 살아갈 테지만 서로 즐겁게 어우러지면서 아름답게 피어나는 사랑이 보드라이 흐르는 우리말로 살아가기를 바라는 마음입니다. 군대나 감옥에서 쓰는 말이 아닌, 예전 일제강점기에 일본 총칼나라(제국주의) 군홧발이 퍼뜨린 말씨가 아닌, 위아래를 가르면서 마구 밀어붙이는 말이 아닌, 미워하거나 시샘하거나 괴롭히려는 티끌이 섞인 말이 아닌, 그야말로 따사롭고 넉넉하면서 아름다운 눈빛으로 즐겁게 펼치는 우리말이 되기를 바라요.

28

한자문화권하고 세계문화권 아닌가요?

한자문화권이나 세계화시대라고 하는데 굳이 한자말이나 영어를 적게 쓰거나 쉽게 고쳐 써야 할까요? 모두 받아들여서 쓰면 안 될까요?

곰곰이 생각할 이야기를 물어봐 주시네요. 네, 그렇다면 우리는 먼저 '문화'란 무엇이고 '세계'란 무엇인지 가만히 헤아려 보기로 해요. '문화'라는 한자말은 일본사람이 지었습니다. 영어 'culture'를 어떻게 일본말로 옮겨야 하느냐를 놓고 거의 백 해에 이르는 나날을 써서 이 한자말을 엮었다고 합니다. 믿기나요? 우리는 그냥저냥 쓰는 한자말 '문화'이지만, 정작 이 한자말을 처음 빚은 이웃나라 일본 지식인은 오래도록 이 말 저 말 가리고 따지고 견주어서 지었습니다.

그나저나 문화란 무엇일까요? 밑말이 된 영어를 헤아리면 "삶을 짓는 일"이라 할 수 있습니다. 자, 우리가 영어를 처음으로 받아들여서 쓰고자 했을 적에, 푸름이 여러분이라면 'culture'를 어떤 말로 옮길 만할까요? 아니면 이 영어를 안 옮기고 그냥 영어로 쓰는 길이 나을까요?

누구는 그냥 쓰자는 쪽일 수 있고, 누구는 옮기자는 쪽일 수 있어요. 그리고 누구는 '우리가 옛날부터 쓰던 낱말 가운데 뜻이 어울리는 말이 있지 않을까?' 하고 찾아볼 수 있습니다. 생각해 봐요. 영어는 'snow'이지만, 우리말은 '눈'이에요. 영어는 'summer'이지만, 우리말은 '여름'입니다. '문화·culture'는 우리말로 하자면 '살림'입니다. 우리가 짓는 살림이 바로 문화이지요.

이렇게 문화가 무엇인가를 짚어 보았다면 한자문화권을 살피기로 해요. 한자문화권이라면 한자를 쓴 살림살이일 텐데, 지난날에 누가 한자를 썼을까요? 중국이지요. 그런데 중국에서도 임금하고 글쟁이 (지식인)가 썼어요. 중국에서 마을이나 고장을 가꾸는 여느 사람들은 글(한자)을 안 쓰고 말만 했습니다. 이는 우리나라하고 일본도 매한 가지예요. 다시 말해서 '한자문화권 = 권력문화권'인 셈입니다. 중국 도 일본도 한국도 한자를 쓰던 이들은 권력자였어요. 삶을 일구고 아 이를 낳아 돌보고 흙을 짓고 살림을 보듬던 여느 사람들은 한자를 쓸 일도 배울 일도 알 일도 없었답니다. 그러니까 한자는 '우리 살림터' 에 없었어요. 더 깊이 말하자면 중국이나 일본에서도 여느 사람들은 한자라는 권력문화권하고는 멀다 할 수 있어요.

글로 살림터(문화권)를 묶는다 하면, 우리는 '한글살림터'입니다. 우리가 익히 아는 서양인 독일 프랑스 영국을 보셔요. 모두 살림터 가 다릅니다. 이 큰 나라 사이에 있는 네덜란드나 룩셈부르크나 덴 마크는 어떠한가요? 모두 저마다 다른 살림터예요.

세계화시대라는 대목을 찬찬히 짚을 수 있으면 좋겠습니다. 푸른 별 모든 나라는 말이 다릅니다. 영어라 하더라도 영국하고 미국하고 캐나다하고 호주하고 필리핀하고 홍콩에서 쓰는 영어는 모두 다릅 니다. 영국에서도 고장마다 사투리가 매우 많고, 미국이나 호주도 그 렇지요. 영어를 배운다고 하더라도 나라하고 고장마다 다른 '사투리 영어'를 다 배울 수 있을까요? 다 못 배운답니다.

우리 앞길을 바라본다면, 우리는 영어도 영어이지만 우리말을 제대로 익히는 길이 훨씬 좋으리라 생각해요. 앞으로 웬만한 영어는 훌륭한 통역기가 갈음해 줄 수 있다고 느낍니다. 그런데 통역기를 잘 쓰려면 일본사람은 일본말을 똑똑히 해야 하고, 우리는 우리말을 똑바로 해야 해요. 통역기에 대고 어려운 말이라든지 질질 끄는 말씨를 쓰면 통역기는 이 소리를 못 잡아채더군요. 통역기를 지켜보면서 참 재미있었어요. 우리가 여느 삶자리에서 쓰는 여느 말씨를 그야말로 쉽고 또렷하면서 바르게 말을 해야 통역기가 소리를 잡아채어 옮겨 주더군요.

푸름이 여러분이 한자나 영어를 즐겁게 쓰는 일은 즐거운 노릇이라고 생각해요. 다만, 한자나 영어는 '다른 살림터 이웃을 만나려는 뜻'으로 배워서 쓰는 징검다리 글씨입니다. 우리는 한자문화권도 세계문화권도 아닌, 오롯이 '한겨레 살림터'예요. 이 한겨레 살림터라는 빛을 바탕으로 이웃을 만납니다.

그리고, 모든 사람이 한자나 영어를 알거나 배워야 하지 않습니다. 우리는 무엇보다 우리말부터 제대로 익혀서 제대로 쓸 줄 알아야 합니다. 이 나라에서 이웃이나 동무로 사귀는 발판인 우리말을 제대로 쓸 적에 이웃을 만나거나 사귀지요. 푸름이 여러분이 동무를 사귈 적에도 똑같아요. 먼저 푸름이 여러분이 스스로 똑바로 튼튼히 서야 동무하고 만나거나 사귀어요.

우리가 스스로 우리말을 제대로 못 쓴다면, 또 한자말이나 영어가 아닌 쉽고 또렷하면서 부드럽고 상냥한 우리말을 알뜰히 못 쓴다면, 한자나 영어 지식은 부질없기 마련이에요.

한자나 영어는 자랑하려고 쓰지 않아요. 이러한 글이나 말을 배우려는 뜻이라면, 이웃나라하고 사이좋게 사귀려는 마음 때문입니다. 중국이나 일본 이웃하고 사귀고 싶다면 한자를 배워야 합니다. 영어를 쓰는 이웃을 사귀고 싶으면 영어를 배워야지요.

쉬운 말이 평화

29

'언어의 사회성'이란 무엇일까요

물어봅니다

많은 친구들은 '언어의 사회성'을 이야기하며, '언어는 계속 바뀌는 것이기

에 옳고 그름이 없다'고 하더군요. '언어의 사회성'이란 무엇일까요?

흔히 '언어의 사회성'이라 하면서 "소리와 의미의 관계가 사회적으로 약속된 후에는 개인이 마음대로 바꿀 수 없는 특성"이라고 밝히기도 하지만, 이런 이야기는 꽤 얕습니다.

'개인이 마음대로 바꿀 수 없는 특성'이라지만, 우리는 마음대로 바꾸곤 해요. '혼잣밥'이나 '혼잣술'이라 안 하고 '혼밥'이나 '혼술'이라 합니다. '넉넉하다'하고 살짝 결이 다른 '널널하다'를 슬그머니 지어서 쓰기도 합니다. 모든 틀을 와장창 바꾸기도 하지만, 하나하나 가다듬어서 새롭게 쓰는 길을 가기도 합니다. 그러니까 '참된 사회성'이라면 다 다른 사회에서 다 다른 사람들이 다 다른 자리에 맞게 조금씩 고치거나 가다듬으며 새롭게 쓰는 말길이라고 해야 알맞으리라 생각해요.

사람들은, 우리는, 저마다 제 삶자리에서 어떤 말을 쓰다가 다 다른 삶자리에 걸맞게 새롭게 받아들이고 가꾸며 손질하기 마련입니다. 말이란, 언제나 꿈틀거려요. 쉴 새 없이 움직이지요. 국립국어원이나 국어학자는 이런 꿈틀질을 반기지 않아요. 그들은 맞춤법이나 띄어쓰기 틀에서 벗어나는 길을 안 좋아하거든요. 그래서 표준말이나 맞춤법이나 띄어쓰기를 '틀리면 안 되'거나 '어긋나서는 안 된'다고 못 박으려 해요.

그러나 사람들은 '틈새 가구' 같은 말을 지어서 씁니다. 커다란 세간이 아닌 작은 틈새에 들어갈 만한 세간을 알맞게 짜면서 '틈새'란 낱말을 살려서 써요. 이 손길을 더 살리면 '틈새일'이나 '틈새놀이'란 말을 더 지어서 쓸 만합니다. '꽃길'이나 '흙수저' 같은 낱말은 "꽃이 있는 길"이나 "흙으로 빚은 수저"만 가리킬 수 없어요. 새로운 뜻이며 쓰임새가 피어납니다. 그런데 누가 새로운 뜻으로 쓸까요? 바로 우리예요. '개인'이 새로운 길을 찾아서 쓰고 나누고 퍼뜨립니다. '사회도 집단도 나라도 학자도 아닙'니다. 누구 입에서 먼저 꽃길이나 흙수저나 금수저 같은 말이 터져나왔는지 모르나, 사람들은 이 말을 사회성 아닌 '즐거움'으로 맞아들여서 '반갑게' 씁니다. 때로는 재미나다고 여기면서 쓰고, '옳다'거나 '맞다'고 맞장구를 치면서 쓰기도 해요.

우리는 일본 한자말이나 일본 말씨를 걸러내야 한다는 생각이 커요. 아무리 '전문가 집단에서 전문말로 쓰는 낱말'이라 하더라도 사회성을 넘어서 그런 일본 한자말이나 일본 말씨는 마땅히 털어내기를 바라는 목소리가 꽤 물결칩니다.

다시 말하자면, '언어의 사회성'이란 우리 생각을 좁은 틀에 가두려고 하는 엉성한 굴레이지 싶습니다. 누구는 '악법도 법이다'라 말하면서, 잘못된 법이라 하더라도 이 잘못된 법을 그냥 지켜야 한다고 말합니다만, 우리는 헌법에서 잘못된 곳을 찾아내면 이를 고치거나 바로잡자고 외칠 수 있습니다. 그리고 씩씩히 외치지요. 잘못된 헌법도 고치자고 말할 수 있고, 얼마든지 고칠 만해요. 촛불 한 자루로 모든 일을 해내기도 합니다.

곁말입니다만, '악법도 법이다'란 말은 도무지 말이 안 됩니다. '악법은 악법일 뿐이다'라고 해야 옳습니다. '법은 법이다'라고 해야지요. '악법은 악법일 뿐이기 때문에, 법이 법대로 서려면, 악법을 법답게 고치거나 바로잡을 노릇이다'처럼 생각하고 말해야 합니다. 잘 생각해야지요. 악법은 언제나 악법을 끌어들여요. 착한 법이나 아름다운 법이어야 착하고 아름다운 다른 길을 끌어들입니다.

그러니까 이 얼거리를 살린다면 '사람들이 잘못 쓰거나 엉뚱하게 쓰는 말도 사회성을 얻으면 얼마든지 쓸 수 있다고 여기는 분이 있을 터이나, 얄궂은 말은 얄궂을 뿐이니, 말이 얄궂지 않도록 가다듬고 손질하고 바로세우는 길을 갈 적에 즐거운 삶이다' 하고 이야기를 할 만하다고 느껴요. 무엇보다도 얄궂은 말씨를 그냥 붙들면 다른 얄궂은 말씨가 자꾸자꾸 불거지면서 퍼지기 마련이에요.

사람들이, 아니 우리 스스로 잘못 쓰던 말이나 말씨나 낱말이 있다면, 우리 스스로 깨달아서 고치거나 바로잡을 수 있고, 곁에서 누가 알려주어서 슬기로이 고치도록 타이르거나 가르칠 수 있습니다. 다만, 누구는 잘못된 말씨를 오랫동안 썼으니 그냥 앞으로도 그 말씨가 '잘못되었거나 말거나 사람들이 사회에서 널리 쓰니까 그냥 쓰고 싶다'고 여길 수 있습니다. 사람은 모두 다르니, 어느 일을 놓고 바라보는 눈이나 마음이 다를 수밖에 없어요.

쉬운 말이 평화

달라지거나 사라지거나 태어나는 말을 놓고서 옳다거나 그르다거나 할 수 없습니다. 우리는 그저 이 흐름을 지켜보면서 우리 삶에서 즐겁거나 기쁜 길이 무엇인가를 헤아려 사랑으로 어우러지는 숨결을 누리거나 나누면 되지 싶어요.

우리가 열린 터전이거나 트이는 나라이거나 새롭게 가꾸는 즐거운 삶터로, 숲으로, 마을로, 보금자리로 나아가고자 한다면 '남이 쓰는 말씨에 길들면서 똑같이 따라서 쓰는 말씨'가 아닌, '우리 나름대로 생각을 기울이고 삶을 갈고닦고 지으면서 말도 새로우며 즐겁게 짓는 길에서 얻는 말씨'를 쓰면 됩니다.

30

다문화

이제는 우리 사회가 '다문화 사회'로 나아간다고 하는데요, 다문화 사회라는 말은 우리말로 어떻게 바꿀 수 있을까요?

오늘날 우리나라에는 한겨레만 살지 않습니다. 우리나라 사람들도 여러 이웃나라로 퍼져서 살아갑니다. 이 푸른별에 있는 모든 나라에는 '그 터전에서 처음 나고 자란 사람만 있지 않'습니다. 까마득히 먼 옛날부터, 아니 어쩌면 맨 처음부터 모든 터전에서는 모든 사람이 울타리 없이 넘나들었지 싶어요. 이웃일꾼(이주노동자)이 많이 들어오기 앞서도 늘 어느 나라 어느 고장에서든 사람들은 가벼이 넘나들면서 이웃이 되고, 일을 함께했습니다.

요즈막에 들어서 '다문화' 같은 낱말을 지어서 쓴다면, 그만큼 그동안 이웃일꾼을 비롯해 이웃나라를 따돌리거나 괴롭히거나 안 좋게 보았으나, 이제는 이 잘잘못을 털어내고서 어깨동무로 나아간다는 뜻이로구나 싶어요. 우리가 슬기롭고 아름다이 나아가려는 몸짓이니 반가운 일인데, 더 생각해 보면 굳이 '다 + 문화'라 하기보다는, 수수하게 '문화'란 이름으로도 넉넉하면서 포근히 품는 매무새라면 좋겠습니다.

앞으로 우리가 나아갈 길이라면 어깨동무라고 생각합니다. 동무란 자리를 헤아려 봐요. 동무는 가까이 사귀는 사이입니다. 동무는 우리 집에서 살지 않아요. 동무는 이웃집이나 옆집이나 이웃마을이나 옆마을에 살지요. 때로는 이웃나라나 옆나라에서 살 테지요. 동무를 만나고 사귀고 어울린다면, 이러한 하루야말로 '다문화'입니다. 우리는 옛날부터 늘 '다문화'로 살았어요. 굳이 이런 이름은 없어도 됩니다.

다문화 가정 → 온살림집 / 무지개집 / 다살림집

다문화 시대 → 온살림 나날 / 무지개 나날 / 다살림 나날

한자말을 그냥 쓴다면 '문화'라는 이름 하나로 되고, 따로 새말을 지으면 좋겠다고 여긴다면 '이웃살림'이나 '다살림·온살림'이나 '무지개'가 좋으리라 봅니다. '다살림'에서 '다'는 한자가 아닌 우리말입니다. '모두'를 가리키는 '다'예요. "모두 살리는 길"이라는 '다살림'입니다.

세 글씨로 맞추어 말한다면 '다살림'이 무척 어울리지 싶고, '온살림'도 퍽 어울립니다. 온누리·온마음 같은 낱말에서 쓰는 '온'도 크게 아우르는 모든 숨결을 나타내요. 온마음으로 이웃으로 어울리는 길을 나누고 싶다면 '온-'을 붙인 새말도 좋습니다.

다문화가 만나는

→ 여러 삶이 만나는

→ 온삶이 만나는

→ 다살림이 만나는

출생하는 아이 100명 가운데 4명이 다문화 가정 출신이야

→ 태어나는 아이 100사람 가운데 넷이 이웃살림 집안이야

→ 태어나는 아이 100사람 가운데 넷이 다살림 집안이야

→ 태어나는 아이 100사람 가운데 넷이 무지개 집안이야

몇 가지 보기글에 맞추어 "여러 삶"도 '다살림'도 '무지개'도 '온삶'도 넣어 봅니다. 꼭 낱말 하나만 써야 하지 않아요. 바탕으로 한 가지 낱말을 놓되, 자리나 흐름이나 때를 헤아려 이모저모 조금씩 달리 이야기를 펴면 한결 나으리라 봅니다.

이러면서 제 나름대로 새말에 새 뜻풀이를 붙여 볼게요. 새로우면서 아름답게 가꾸면 좋겠다고 여기는 길이라면, 이러한 길에 걸맞게 뜻풀이를 나란히 추슬러서 이웃하고 어깨동무하는 마음하고 눈빛으로 거듭나기를 빕니다.

숲노래 말꽃	다살림 : 다 있는 살림. 다 어우러진 살림. 다 만나는 살림. 어떠한 길·결·모습·삶·살림·넋·빛깔이든 함께 있거나 어우러지거나 만나는 살림. '다문화'를 가리킨다 온살림 : 무엇이든 고르게 있는 살림. 무엇이든 어우러진 살림. 무엇이든 고르게 만나는 살림. 모든 길·결·모습·삶·살림·넋·빛깔이 고르게 있어서 알차게 어우러진 살림. '다문화'를 가리킨다

무지개 : 1. 빛을 받아 나타나는 일곱 가지 결로 이룬 띠나 무늬. 하늘에서 물방울이 길게 모여서 햇빛을 받아 나타나기도 하고, 촛불이나 유리창에 어리기도 한다. 빨강·귤빛·노랑·풀빛·파랑·쪽빛·보라 같은 빛깔로 나타나곤 한다 2. 저마다 다른 길·결·모습·삶·살림·넋·빛깔은 저마다 다르기에 곱거나 뜻있거나 값있거나 넉넉하다는 이야기를 빗대는 말. '다양성·다양한 가치'를 나타낸다

31

말을 잘 하고 글을 잘 쓰는 길

말을 잘 하고 글을 잘 쓰는 길이 있을까요?

사투리를 써 보라고 이야기하고 싶어요. 사투리를 쓰면 말도 글도 살아난답니다. 사투리를 쓰면 말이며 글이며 얼마나 맛깔스럽고 재미난지 몰라요. 우리는 사투리 없는 판소리를 생각할 수 없어요. 광주말하고 부산말이 참말로 구성지답니다. 강원말하고 함경말도 얼마나 맛스러운지 몰라요.

사투리는 고장마다 다른 말만 가리키지 않아요. 사투리란 '우리가 스스로 우리 삶자리를 헤아리면서 저마다 다 다르게 지은 말'이에요. 사투리를 쓰자는 소리는 '우리가 스스로 내 낱말책을 지어서 내가 살아가는 말'을 쓰자는 뜻이라고 할 수 있습니다.

푸름이 여러분 가운데 서울에서 나고 자란 분이라면 아무래도 '서울 사투리'는 없다고 여길 만하기에 풀이 죽을 수 있는데요, 또 인천이나 수원이나 경기 쪽에서 나고 자란 분도 '우리 고장에 무슨 사투리가 있는데?' 하고 여길 수 있겠는데요, 막상 알고 보면 모든 고장에 사투리가 있답니다. 서울말은 표준말이기 앞서 서울 사투리였어요. 인천 사투리하고 수원 사투리도 어김없이 있어요.

'사투리를 쓴다'고 할 적에는 입으로 말하는 결을 그대로 살려서 글로 담는다는 뜻으로 여기면 됩니다. 사투리는 틀에 매이지 않는 말이요, 남 눈치를 안 보는 말입니다. 사투리는 스스로 지은 말이며, 저마다 다른 고장이나 마을에서 저마다 다른 살림하고 삶에 맞추어 스스로 길어 올린 말입니다. 충청 사투리는 충청도 나름대로 쓰는 말이면서, 청주하고 충주에서 쓰는 말이 다르고, 충주에서도 마을마다 쓰는 말이 달라요. 사투리는 파고들면 파고들수록 더 잘게 갈리는 말씨인데, 이는 바로 사람들이 저마다 느낌이며 생각이며 마음을 스스로 고스란히 살린 말이기 때문입니다.

'사투리를 쓰자'는 이야기란 '그럴듯해 보이거나 멋져 보이는 말은 그만 쓰자'는 뜻이 됩니다. '사투리를 쓰자'라고 하면 '안 그럴듯하거나 안 멋져 보이더라도, 바로 우리 스스로 살아가는 결에 맞추어 우리가 스스로 터뜨리는 말을 고스란히 살려서 쓰자'는 뜻이에요.

손으로 글을 쓰기 어렵다면, 푸름이 여러분이 쓰는 손전화에 목소리를 담아 봐요. 손전화에 대고 입으로 한 말을 옮겨적어도 글쓰기가 됩니다. 푸름이 여러분 사투리(목소리)가 고스란히 글로 태어나는 얼개예요.

시골 푸름이라면 시골말을 자랑스레 여기셔요. 시골말을 글에 찬찬히 담으면 수수한 이야기가 새삼스레 맛깔스럽습니다. 앞서 말했듯이 판소리라는 우리 노래가 있는데요, 판소리는 서울말로 부르면 밍밍하지만 사투리로 부르면 구성지지요. 판소리뿐 아니라 흔한 대중노래도 푸름이 여러분이 사투리로 불러 보면 대단히 재미있고 신나리라 느껴요. 작은 말씨 하나에 새로운 기운을 담을 수 있답니다.

글을 모르는 할머니가 있다면, 할머니한테서 입으로 말을 받아서 옮기면, 이때에도 글이 되지요. 글이란 바로 말이랍니다. 그러면 다음으로 말이 되겠는데요, 말이란 우리가 살아가는 하루예요. 우리 나름대로 즐겁게 지낸 하루가 있으면 이 삶에는 이야기가 있으니, 이런 이야기를 동무하고 도란도란 재잘재잘 하지요. 푸름이 여러분이 스스로 지내거나 겪은 하루나 이야기가 있다면 말하기가 어렵지 않아요.

이다음에는 삶을 생각하면 되는데요, 남이 시켜서 살아낸 하루가 아닌, 스스로 꿈꾸는 대로 살아낸 하루일 적에 삶다운 삶이에요. 심부름만 했다든지, 학교에서 시키는 수업만 들었다면, 아무래도 삶하고 동떨어져요. 아주 작은 일이라도 좋으니, 아침에 스스로 생각한 길대로 하루를 살아가시기를 바라요. 이때 이야기가 싹튼답니다.

푸름이 여러분이 알아두셔야 하는데요, 그럴듯하게 꾸미거나 멋스럽게 보여야 글이나 말이 훌륭하지 않습니다. 겉모습으로는 멋진 글이나 말이 될 수 없어요. 속살이 여물어야 아름다운 글이나 말입니다. 때로는 멋을 부릴 수 있을 테지만, 일부러 꾸미는 멋은 오래가지 않아요. 이내 시들지요. 이와 달리 속을 가꾸어서 저절로 피어나는 아름다움은 오래갑니다. 시들지 않아요. 어머니 아버지가 사랑으로 들려준 말은 두고두고 우리 마음에 남습니다. 우리가 어머니 아버지한테 사랑으로 들려주는 말도 두고두고 어머니 아버지 가슴에 남아요.

이렇게 본다면, 글이나 말은, 우리 사랑을 곱게 담아서 들려주려

할 적에 아름답구나 싶습니다. 사랑이 안 담긴 글이나 말이란 재미없다고 할까요. 멋지지도 않겠지요. 겉멋만 있을 테고요. 겉이 아닌 속을 아끼는 숨결로 글을 쓰거나 말을 할 줄 안다면, 띄어쓰기나 맞춤법이 좀 어긋나거나 틀려도 참으로 아름다울 수 있습니다.

32

한자말하고 토박이말

선생님이 토박이말로 말을 가다듬는 까닭은 무엇인가요?

쉬운 말이 평화

저는 언제나 어떤 말을 쓸 적에 스스로 생각을 키워서 살림을 북돋우고 사랑을 빛내는가 하는 대목을 헤아립니다.

《삼국사기》에서는 산발적으로만 나오고 있다 (보기글 ㉠)

→《삼국사기》에는 드문드문 나온다

→《삼국사기》에는 어쩌다가 나온다

→《삼국사기》에는 더러 나온다

→《삼국사기》에는 가끔 나온다

→《삼국사기》에는 살짝 나온다

보기글 ㉠을 쓴 분은 이런 말씨를 어릴 적부터 읽고 듣고 보고 썼겠지요. 이분은 이 말씨가 아니면 생각을 나타낼 길이 없다고 여겨요.

이와 달리 저는 새로운 말씨가 수두룩하다고 여깁니다. 우리 생각을 결을 살짝살짝 바꾸면서 즐겁고 재미나며 사랑스레 쓸 만하다고 여겨요. 우리 생각을 어린이하고 어깨동무하는 길로 가다듬어서 쓸 만하다고 여기지요.

보기글 ㉠에서 '-에서는'을 '-에는'으로 손질하고, '산발적'을 '드문드문·어쩌다가·더러·가끔·살짝'으로 손질하며, "나오고 있다"를 "나온다"로 손질합니다. 언뜻 보자면 이렇게 손질해야 바르게 쓴 글이라고 밝힌 셈입니다. 곰곰이 보자면 우리 스스로 우리말이 어떤 결인

가를 참 모르기에, 우리 말씨나 말결이나 말빛을 새롭게 돌아보자고
털어놓는 셈입니다.

웃지 못 할 진풍경 중 하나였다 (보기글 ⓒ)

→ 웃지 못 할 꼬락서니였다

→ 웃지 못 할 그림이었다

→ 웃지 못 할 볼거리였다

→ 웃지 못 할 구경거리였다

보기글 ⓒ에서는 "진풍경 중 하나"라는 말씨를 추스르는데요, "웃
지 못 할"을 받치자면 살짝 세게 '꼬락서니'로 추스를 만하고, 차분히
잇는다면 '그림'이나 '볼거리'로 추스를 만합니다.

말은 삶에서 비롯해요. 우리가 지내는 하루가 고스란히 우리 스스
로 쓰는 말입니다. 시골에서 사는 사람은 시골말을 써요. 서울에서
사는 사람은 서울말을 쓰지요. 시골에서 살지만 서울바라기라면 시
골말 아닌 서울말을 씁니다. 서울에 살더라도 숲을 사랑하면 서울말
아닌 숲말을 씁니다.

보기글 ⓒ은 한자말 '진풍경'과 '-중'이라는 옮김 말씨가 섞였어요.
그런데 이 말씨가 꽤 흔하지요. 요새는 어린이책이며 초등학교 교과
서도 이런 말씨가 가득한걸요.

쉬운 말이 평화

어떡하면 좋을까요? 한자말이나 옮김 말씨를 몰아내자고 외쳐야 할까요? 글쎄, 그런 외침말로는 하나도 안 바뀔 뿐 아니라, 뜻을 함께할 사람도 적을 듯합니다. 제가 마음을 두는 대목이라면 "우리말을 즐겁게 쓰기"요 "우리말을 사랑스레 쓰기"입니다.

말을 즐겁게 쓰려면 어떡해야 할까요? 생각해야지요. 어린이는 언제 즐겁게 노나요? 놀이터에 가야 즐겁게 놀까요? 아닙니다. 장난감이 많아야 즐겁게 노나요? 아니에요. 어린이는 스스로 놀잇거리를 찾아나설 적에 즐겁습니다. 어떤 놀이가 되든, 스스로 온마음을 기울이면서 빠져들어 누리기에 웃음이 터져나오고 이야기가 샘솟으며 하루가 가는 줄을 잊어버려요.

우리말도 매한가지예요. 스스로 생각을 밝혀 삶(하루)을 즐겁게 짓거나 가꾸거나 돌보려는 마음이 될 적에 터져나오는 수수한 말씨가 바로 "즐겁게 쓰는 말"이 됩니다.

한자말을 쓰느냐 안 쓰느냐는 대수롭지 않습니다. 텃말(토박이말)로 고쳐 쓰든 말든 대단하지 않아요. 이미 사전에 있는 말을 찾아내어서 쓰자면 골이 아파요. 그때그때 스스로 말을 알맞게 엮어서 쓰면 됩니다.

노랑 ← 옐로우, 황색, 금색

'노랑'을 써야 좋다고 말할 만합니다. 그런데 굳이 이래야 하지는 않아요. 원추리를 사랑하는 분이라면 '원추리꽃빛'이라 할 만합니다. '개나리꽃빛'이나 '병아리빛'이라 해도 되어요. '괭이밥꽃빛'이나 '나락빛'이라든지 '팥꽃빛'이라 해도 어울려요.

한자말을 쓰고프면 한자말을 써야겠지요. 그러나 저는 때랑 곳을 즐겁게 살펴서 제 마음을 사랑스럽고 넉넉하게 가꾸는 밑거름이 될 말씨를 헤아리고 찾아서 혀랑 손에 얹고 싶습니다.

33

어떻게 새말을 지어요?

숲노래 님이 쓰는 글을 보면 처음 보는 낱말이 꽤 많아요. 그런데 처음 보는 낱말이지만 어쩐지 어렵지 않고 무엇을 가리키는지 바로 알겠어요. 사전에도 없는 그런 새로운 말을 어떻게 날마다 그렇게 지을 수 있는지 궁금해요.

오래살다 = 오래 + 살다

오래살림 = 오래 + 살림

오래쓰다 = 오래 + 쓰다

세 낱말을 들어 봅니다. 이 세 낱말은 다른 사전에 아직 없습니다. '숲노래 말꽃'에만 실은 낱말입니다. 먼저 짜임새를 밝혀 보는데요, 말은 이렇게 짓는답니다. 아무렇게나 짓지는 않아요. 우리 곁에 오랫동안 흐르는 낱말을 가만히 살펴서 알맞게 엮는답니다.

국립국어원 표준국어대사전	오래가다 : 상태나 현상이 길게 계속되거나 유지되다
	오래되다 : 시간이 지나간 동안이 길다

낱말책에는 '오래'를 붙인 낱말로 '오래가다·오래되다' 두 가지가 나옵니다. 남녘뿐 아니라 북녘에서도 '오래'를 붙인 새말을 아직 짓지 않거나 못해요. 그렇지만 가만히 생각해 봐요. 오래오래 살아가는 분이 있어요. 우리 목숨도 앞으로 더 늘어난다고 해요. 그렇다면 이제는 '오래살다' 같은 새말을 넉넉히 지어서 쓸 만합니다.

한자말로 '장수촌'이 있어요. '장수 + 촌'이요, 뜻은 '오래살다 + 마을'이에요. 자, 같이 더 살펴봐요. 바다를 낀 마을이라면 무슨 마을일까요? 네, '바다마을(바닷마을)'입니다. 냇물을 낀 마을이라면? 네, '냇

쉬운 말이 평화

마을'이에요. 숲을 끼었다면? 네, '숲마을'일 테지요. 그러면 물어볼게요. 사람들이 오래오래 살아가는 마을이라면? 네, '오래마을'이랍니다. '오래 + 마을'이라 하면 되어요.

오래살다 ← 장수(長壽), 만수(萬壽)
오래살림 ← 전통문화, 고전문화, 앤티크, 퍼머컬처, 영속농업
오래쓰다 ← 장기 사용, 장기간 활용

'전통문화'나 '고전문화'라는 한자말을 아이들이 알아듣기에 쉽지 않습니다. 열 살 남짓 어린이는 책이나 학교에서 이런 말을 듣거나 보더라도 영 느낌이 안 오기 마련이에요. 그래서 '전통·고전'하고 '문화'를 풀어내어 이야기를 해야 하는데요, 이렇게 이야기를 하다 보니 스스로 이런 생각이 들어요. '어라? 전통문화는 오랫동안 이어온 살림을 가리키잖아? 고전문화도 비슷하네?' 아이들한테 이런 말을 알려주려고 생각하면서 저절로 '오래살림'이란 말을 지었습니다.

여느 낱말책에 '오래가다'가 나오지요? 여러분이 쓰는 살림이나 연장 가운데 '오래가는' 것이 꽤 있어요. 이 대목에서도 생각해 봐요. 글을 한 줄 지어 볼게요.

ㄱ 오래가는 건전지를 오래 쓴다

ⓒ 오래가는 건전지를 오래쓴다

여러분, 띄어쓰기를 어떻게 해야 누구나 알기 좋을까요? 아직은 ㉠처럼 써야 맞다고 할 텐데 궁금하지 않나요? 우리는 왜 ㉡처럼 쓰면 안 될까요? 앞으로는 ㉡처럼 써야 알맞지 않을까요?

'오래가다'는 붙여서 한 낱말로 삼는데, '오래쓰다'는 붙여서 한 낱말로 삼지 말아야 할 까닭이 없습니다. 요새는 살짝 쓰고 버리는 살림이 있고, 두고두고 쓰는 살림이 있어요. 참으로 오래도록 곁에 두고 아끼면서 잘 쓰는 살림을 가리킬 적에는 '오래쓰다'라는 낱말이 있어야 어울립니다.

영국에 셰익스피어란 분이 있습니다. 이분은 글을 무척 많이 쓰셨는데, 생각이나 마음을 나타내려고 할 적에 '예전부터 사람들이 쓰던 말'로는 어쩐지 모자라거나 안 맞는구나 싶으면 그때그때 새말을 지었다더군요.

우리 누구나 글쓰기를 할 적에는, 또 저처럼 사전쓰기를 할 때에는, 셰익스피어가 걷던 길하고 닮습니다. 사람들이 그냥 쓰는 낱말을 그대로 받아들이자니 아무래도 어린이나 푸름이하고는 안 맞거나 어렵구나 싶으면, 또 그때그때 우리 나름대로 새롭게 느끼는 대목이 있으면, 이모저모 생각을 기울여서 말을 엮거나 지어요.

흔히들 '텃세'라고 그냥 쓰지만, 저는 '텃힘'으로 고쳐서 씁니다. 다

쉬운 말이 평화

들 '육식동물·초식동물'이라고 그냥 쓰더라도, 저는 '고기짐승·고기먹이짐승·고기잡이짐승'하고 '풀짐승·풀먹이짐승·풀뜯이짐승'처럼 고쳐서, 아니 새로 말을 지어서 쓰고요.

저는 '시인'이라 안 하고 '시쓴이·시쓴님'을 섞어서 쓰고, 때로는 '노래님'이라고 씁니다. 어제 큰아이하고 읍내에 다녀오는데, 큰아이가 '쥐치포'라 적힌 이름을 보더니 "아버지, '포'가 뭐예요?" 하고 물어요. 속으로 생각했지요. 아하, '포'는 어린이가 모를 만하겠네, 하고. "납작한 것을 가리키는 한자가 '포'야. 그러니까 '납작쥐치'네. '납작오징어'이고."

새말을 짓는 길이란, 스스로 새롭게 생각을 한다는 뜻입니다. 푸름이 여러분도 얼마든지 새말을 지을 수 있습니다. 오늘 같은 이런 자리는 이야기로 배우는 자리예요. 이런 자리를 두고 '배움 + 자리' 얼개로 '배움자리'라 할 수 있고, 이야기를 하는 자리이니 '이야기자리'라 할 수 있습니다. '이야기마당'이나 '이야기밭'이라 해도 재미있어요. 재미있게 쓴 글이면 '재미글'이라고, 심심하게 쓴 글이라면 '심심글'이라 할 수 있습니다. 맛있는 밥을 '맛밥'이라 하고, 맛밥을 누릴 수 있는 곳을 '맛집'이라 하듯, 멋있는 글은 '멋글'로, 멋져 보이는 집을 '멋집'이라 할 수 있어요. 여러분 동무가 멋있다면 '멋동무'라 해도 어울립니다.

34

'하루 종일'이 겹말이라고요?

"하루 종일"이란 말씨도 겹말이라 해서 충격을 받았어요. 늘 입에 달고 살던 "하루 종일"인데, 도대체 무슨 말을 써야 할지 모르겠어요.

말씀하신 대로 놀라실 만합니다. 그런데 털어놓고 말하자면, 푸름이 여러분에 앞서 글쓴이인 저부터 놀랐어요. 우리 삶자리에 퍼진 겹말(중복 표현)이 제법 많은 줄 알기는 했어요. 그럭저럭 생각하며 살다가 사전이란 책을 쓰면서, 우리 사전 뜻풀이가 이렇게 엉망진창이었나 싶어 깜짝 놀랐답니다.

국립국어원 표준국어대사전	하루 : 1. 한 낮과 한 밤이 지나는 동안. 대개 자정(子正)에서 다음 날 자정까지를 이른다 2. 아침부터 저녁까지 3. 막연히 지칭할 때 어떤 날 진종일(盡終日) : = 온종일 온종일(-終日) : 1. 아침부터 저녁까지의 동안 ≒ 종일(終日)·진일(盡日)·진종일 2. 아침부터 저녁까지 내내 종일(終日) : 아침부터 저녁까지의 동안 = 온종일

낱말풀이를 보니 어떤가요? '종일 = 온종일'이고, '진종일 = 온종일'이니까, 세 한자말은 다 같은 말이에요. 그리고 세 한자말은 "아침부터 저녁까지"를 뜻합니다. 이렇게 한자말 뜻풀이를 갈무리했으면 '하루' 뜻풀이를 새로 들여다보기로 해요. 자, 둘째 뜻이 무엇인가요? "아침부터 저녁까지"이지요?

하루·하루 내내·온하루·하룻내

적어도 네 가지로 새롭게 쓸 만합니다. 수수하게 "하루"라고만 할 수 있습니다. 다음으로 힘줌말처럼 "하루 내내"라 할 만하고, '온하루'처럼 앞에 꾸밈말을 붙일 만하며, "하루 내내"를 줄여 '하룻내'라 해도 어울려요.

하루 : 오늘 하루 책하고 씨름을 했어

하루 내내 : 하루 내내 즐거웠지

온하루 : 온하루를 어머니하고 김치를 담그며 보냈다

하룻내 : 하룻내 애썼지만 수수께끼를 못 풀었네

겹말이란 군더더기 말씨입니다. 말이나 글에서 군더더기를 덜어 낸다면 홀가분할 수 있어요. 날개를 달고 훨훨 날 만큼 부드럽답니다. "수채화 그림"이라 말하는 분이 있던데, 수채화가 물빛으로 담은 그림이니 겹말이에요. 그냥 '수채화'라 할 수 있고, 아예 새말을 지어 '물빛그림'이라 해도 됩니다.

우리가 겹말이라는 군더더기를 털려고 한다면, 군말을 씻기도 하는 셈이면서 새로우며 즐거운 말을 스스로 짓는 길이 되기도 해요. 정치를 하는 분들은 곧잘 "참된 정의"를 말하는데요, '참되다 = 정의'

예요. 겹말이지요. 이때에도 생각해 봐요. "참된 길"이나 "참된 마음"이나 "참된 삶터"처럼 새롭게 손질할 만합니다. 단출히 '참길·참마음·참터'라 해도 어울리고요.

□

말이란 수수께끼

35

순수한 우리말을 알려면?

 물어봅니다

작가님께서는 어떻게 순수한 우리말을 새롭게 살려내실 수 있으셨습니까?

저는 "순수한 우리말"을 찾으려고 애쓰지 않습니다. 저는 제가 쓸 말을 생각해요. 제가 살아가는 이 터에서 태어나고 흐르면서 사랑이 깃든 말이 무엇인가 하고 생각하지요.

제가 우리말꽃을 짓는 터전으로 삼는 곳은 제 책마루이자 책숲인데요, 책마루란 '서재'이고 책숲이란 '도서관'을 가리키려고 제가 새로 지은 이름입니다만, 아무튼 제 책마루이자 책숲을 놓고 〈말꽃 짓는 책숲, 숲노래〉란 이름을 붙였습니다. 자, 이 책마루이자 책숲에 붙인 '숲노래'란 이름으로 실마리를 풀어 볼게요.

이웃님은 '숲'이나 '노래'라는 말을 참으로 언제부터 썼는지 알 수 있을까요? 아마 모르시겠지요? 저도 잘 모릅니다. 그런데 '숲'을 가리키는 한자 '林'을 우리나라에서 언제부터 받아들였는지는 얼추 어림할 수 있어요. '노래'를 가리키는 한자 '歌'도 우리나라에 들어온 지 그리 오래되지 않았어요.

더 오래되었다고 더 이 터에 어울리는 말이라고는 여기지 않습니다. '숲'이나 '노래'란 낱말은 "순수한 우리말"이라기보다는, "이 터에서 사랑으로 짝을 이루고 아이를 낳아 슬기롭게 돌보고 즐겁게 살아간 사람들이 저절로 입으로 터뜨려서 아름답게 써서 나누다가 물려준 낱말"이라고 할 만합니다.

작은짜·가운짜·큰짜

엊그제 세 가지 말씨를 새로 지어서 우리 집 아이들하고 써 보았습니다. 저는 거의 집에서만 밥을 먹습니다만, 어쩌다가 바깥에 나가야 할 일이 있으면, 길가에 있는 밥집에 들어가는데요, 이때에 차림판을 보면 으레 '대·중·소'로 가르고, 밥집 일꾼은 '대짜·중짜·소짜'란 이름으로 묻습니다.

우리 집 아이들은 바로 이 '대짜·중짜·소짜'를 못 알아듣고 툴툴거려요. 아이들 말을 고스란히 옮길게요. "'큰것·가운뎃것·작은것'이라 하면 알아듣기 쉬운데 왜 저런 말을 써?" 아이들 툴툴거림을 듣고서 빙그레 웃었어요. 문득 생각했지요. '가운뎃것'은 좀 긴 듯해서 '-뎃-'을 덜어 볼까 싶더군요. 그리고 '-짜'라 붙이는 말씨는 재미있으니 "큰짜·가운짜·작은짜"처럼 말해도 어울리려나 하고요.

"큰짜·가운짜·작은짜"라 말하면 처음에는 낯설다고 여길 분이 틀림없이 있겠지만 이내 스스로 알아채리라 느껴요. 이와 달리 '대·중·소'는 한자를 모르는 사람은 도무지 알 수 없습니다. 한글을 읽을 줄 아는 외국사람도 '대·중·소'가 뭘 나타내는지 도무지 종잡지 못하겠지요.

그러니까 "순수한 우리말"이 아닌, "즐겁게 사랑으로 함께 나눌 말"을 생각하면서 하나하나 혀에 얹고 글로 실어 볼 만해요. 이웃님도 해보실 수 있어요. "순수한 우리말"을 찾기는 어려울 뿐 아니라 지끈지끈할 만해요. 그러나 즐겁게 노래할 말을, 숲을 사랑하는 말을, 아이하고 어깨동무하는 말을, 이런 살림말을 헤아리는 일은 누구나 쉽고 재미나게 할 수 있으리라 여깁니다.

36

순우리말이 더 어렵다면

순우리말을 쓰지 않아 버릇해서 그런지 순우리말로 쓰면 더 이해되지 않을 때도 있고, 의미가 좀 바뀐다(?)는 느낌도 있어서, 이럴 때는 어떻게 해야 하는지 고민하게 되더라고요 먼저 '순우리말'이 무엇인지부터 짚겠습니다. 낱말책을 살피면 '순우리말(純-)'을 "우리말 중에서 고유어만을 이르는 말"로 풀이합니다. '고유어(固有語)'를 찾아보니 "1. [언어] 해당 언어에 본디부터 있던 말이나 그것에 기초하여 새로 만들어진 말. 국어에서는 '아버지', '어머니', '하늘', '땅' 따위가 있다 ≒ 토박이말·토착어"로 풀이합니다. 낱말풀이로만 본다면 '순우리말 = 고유어 = 그 말을 쓰는 터에서 예전부터 쓰던 말'을 가리킨다고 하겠습니다.

그런데 '순우리말'이나 '고유어' 같은 이름을 쓴 지 얼마 안 되었어요. 일제강점기 즈음 이르러 비로소 이런 이름을 썼습니다. '토박이말·토착어' 같은 이름도 쓴 지 얼마 안 돼요. 이 또한 일제강점기에 겨우 불거지고는 더러 썼구나 싶어요.

예전에는 어떤 말을 썼을까요? 1800년대 첫머리, 1500년대, 1200년대, 800년대, 300년대 같은 무렵에 이 땅에서는 어떤 말로 생각을 나눴을까요? 이천 해나 오천 해 앞서는 어떤 말로 마음을 주고받았을까요?

요새는 쉽게 '우리말'이라 합니다만, '우리말'이란 낱말조차 일제강점기가 되어서야 비로소 나타났어요. 그러니까 이 땅에서 사는 사람이 예전부터 죽 흐르던 '그냥 말'을 쓰지 못하게 가로막힌 때에 한꺼번에 '우리말·순우리말·고유어·토박이말·토착어'란 말이 태어났어요. '고유어·토착어'는 중국말로 지식을 펴는 길이 익숙하던 이들이 일본 한자말을 그대로 받아들이면서 퍼뜨린 말씨요, 이 말씨가 달갑잖으면서 독립운동에 마음을 기울인 쪽에서는 '우리말·순우리말·토박이말·배달말'이란 말을 새로 지은 셈입니다.

　우리가 일제강점기에 태어나 우리말(또는 조선말)을 들을 수 없이 일본말만 들으면서 일본 학교에 다니고 일본글이 적힌 책만 읽어야 하는 판이라면 '일본말 = 우리말'이에요. 꽤 많은 분이 이러했습니다. 그래서 해방 뒤에 어쩔 줄 몰라하던 분이 무척 많아요. 해방 뒤부터 1970년대에 이르기까지 나온 책이나 신문을 살피면 새까맣게 한자투성이랍니다. 우리말 아닌 일본말(일본 한자말)이 익숙한 분은 글을 쓸 적마다 새까맣게 일본 한자말을 그려 넣어요. 한자를 벗긴 한글로 적거나, 어린이도 알아들을 수 있게 풀이하거나 바꾸면 낯설어했어요.

　1980년대를 지나며 책이나 신문에서 한자가 많이 걷혔습니다. 해방 뒤에 태어난 사람이 부쩍 늘어난 탓이에요. 1990년대를 지나고 2000년이 되니 이제 신문에서 한자를 쓰는 일이 없다시피 해요. 2010년대를 지나니 이제는 한자 쓰는 이가 거의 없지만, 새롭게 영어를 쓰는 이가 늘지요. 우리는 이 흐름을 잘 읽어야 해요. 일제강점기에 앞서는 사람들이 '순우리말이나 토박이말이나 고유어가 아닌 '그냥 우리말'을 스스럼없이 즐겁게 썼어요. '깨끗한 우리말'이 아닌 '삶·살림을 사랑으로 담은 수수한 말'을 나누었습니다. 그때에는 사투리만 있었으니, 다른 고장 사투리가 처음에는 낯설어도 꾸준히 말을 섞으면 다 알아차려요. 이와 달리 일제강점기부터 오늘에 이르기까지 이 나라에는 '삶을 사랑으로 담은 수수한 말'보다는 '일본 한자말, 중국 한자말, 영어, 번역 말씨'라는 네 가지 굴레가 판을 치면서, 이러한 말씨가 책하고 신문에다가 교과서에 방송까지 차지합니다.

앞으로는 새롭게 우리말을 살피고 가꿀 노릇이라고 느껴요. 갓난아기한테 들려주는 말을, 다섯 살 어린이한테 가르치는 말을, 열 살 어린이가 기쁘게 배울 만한 말을 새로 찾고 살찌우면 좋겠어요. 중·고등학교 교과서나 여느 어른이 쓰는 말씨를 열 살 어린이한테 쓰면 알아들을 만할까요? 아니지요? 저는 '열 살이나 다섯 살 어린이'도 함께 알아들을 수 있도록 말을 가다듬으려 합니다. 누구나 스스로 익숙하게 듣고 쓰던 낱말이 아니면 아리송하거나 '뜻이 바뀌었네' 하고 느껴요. 꼼꼼히 밝힐 뜻도 살피되, 말에 담는 마음과 숨결을 함께 살펴 주시면 좋겠습니다. '순우리말' 아닌 '삶·살림을 사랑으로 담은 말'을 함께 생각해요.

37

알맞거나 재미나거나 즐거운 말씨

저희는 알바라고 하는 일을 할 수 있잖아요? 그런데 선생님은 '알바' 같은

말을 안 쓰실 것 같아요. 선생님이라면 '부업'? 아니, 부업도 한자말 같고,

'아르바이트'? 이것도 아니고, '알바' 아닌 다른 말을 쓰실 듯한데, 어떤 말

을 쓰시나요?

저는 푸름이 여러분 나이에 곁일을 했습니다. 짬을 내어 일을 한 적이 있고, 어머니 곁에서 갖은 일을 거들기도 했어요. 어머니가 하는 사잇일을 거들어서 살짝일이라고 할까요.

뜨개일을 해서 뜨개옷을 내다 파실 적에는 실꾸리를 엮도록 거들고, 어머니가 다 뜬 뜨개옷을 들고서 갖다 주는 몫을 했습니다. 어머니가 우산을 기우고 마무르는 일을 하실 적에는 우산 살을 맞추거나 속엣것을 채우거나 마무리로 우산을 곱게 접은 다음, 어머니가 다 기운 우산을 꾸러미로 들고 갖다 주는 일을 했고요. 어머니는 이런저런 토막일을 하시는 틈을 또 쪼개어 신문을 돌리기까지 하셨는데, 이때에도 어머니가 돌릴 몫을 갈라서 힘껏 뛰어다니며 신문을 같이 넣었어요. 얼추 아홉 살 무렵부터 어머니 곁에서 이런 샛일 저런 짬일 그런 틈일을 거들면서 일손을 익혔지 싶습니다.

먼저 사전을 들출까 해요. 사전에서 '알바·아르바이트'란 낱말을 찾아볼게요.

국립국어원 표준국어대사전	알바(Alba, Fernando Alvarez de Toledo) : [인명] 에스파냐의 군인·정치가(1507~1582) 아르바이트(<독>Arbeit) : 본래의 직업이 아닌, 임시로 하는 일. '부업'으로 순화 부업(副業) : 1. 본업 외에 여가를 이용하여 갖는 직업 ≒ 여업(餘業)

국립국어원 사전을 들추니 '알바'란 낱말이 있어요. 다만 푸름이 여러분이 말하는 그 알바가 아닌 에스파냐 군인 이름인 알바입니다. 아, 놀랍지 않나요? 국립국어원 사전은 에스파냐 군인 이름을 올림 말로 다뤘어요. 왜 이랬을까요? 참 알쏭달쏭합니다. 독일말인 '아르바이트'라 하고, 이를 한자말 '부업'으로 고쳐 쓰라 하는데, "여가를 이용하여" 하는 일을 나타낸다지요.

영어로는 '파트타임'으로 일한다고들 말하고 영어사전은 'part-time job'을 "시간제 근무, 아르바이트"로 풀이해요. 이모저모 살피면 '알바·아르바이트·시간제 근무·파트타임·파트타임 잡·부업'이 같은 일거리를 나타내는 셈입니다.

겥일·사잇일·살짝일·샛일·짬일·토막일·틈새일·틈일 ← 부업, 알바, 아르바이트, 시간직, 임시직, 시간제 근무, 임시근무, 파트타임

어머니 곁에서 일을 거들었기에 '곁일'입니다. 어머니 스스로 사이사이 하던 일이기에 '사잇일'입니다. 어린 제가 거들 수 있는 몫은 작지만, 제 나름대로 애를 써서 '살짝일'을 했습니다. 어머니나 저나 서로 '샛일'을, 작은 사이를 살려서 일한 셈이요, 서로 짬을 내어 '짬일'을 했어요. 이 일은 통이나 온으로 한 일이 아닌 토막으로 갈라서 한 일이니 '토막일'입니다. 없는 틈이나 틈새를 마련해서 일했으니 '틈

새일'이요 '틈일'입니다.

자, 여러 낱말을 줄줄이 들어 보았어요. 그렇다면 이 낱말마다 뜻풀이를 새롭게 붙여 볼까 싶어요. 제가 들어 본 여러 말은 아직 국립국어원 사전에 하나도 안 오른 낱말입니다.

숲노래 말꽃	**곁일** : 1. 곁에 두고 하는 일 2. 바탕으로 하는 일이 아닌, 곁가지처럼 가볍게 하는 작은 일
	살짝일 : 오래 하거나 길게 하는 일이 아닌, 살짝 하거나 거드는 일
	샛일 : 통으로 하는 일이 아닌 사이에 하는 일
	사잇일 : = 샛일
	짬일 : 짬을 내서 하는 일이나 짬이 나서 하는 일
	토막일 : 통으로 하는 일이 아닌, 토막으로 갈라서 하는 일
	틈새일 : 틈새에 하는 일
	틈일 : 틈을 내서 하는 일이나 틈이 나서 하는 일

알바를 비롯한 여러 말을 뭉뚱그려서 꼭 하나로만 가다듬거나 손질해서 쓰기는 어려우리라 여깁니다. 그때그때 다르고 자리마다 다르기에, 때랑 곳을 살펴서 알맞게 이 말을 고르거나 저 말을 뽑아서 쓰면 좋겠어요. 저도 그렇거든요. 저도 어떤 일을 어느 때에 어떻게 하느냐에 따라서 이 말을 쓰다가 저 말을 쓰곤 합니다.

쉬운 말이 평화

겨를삯·결삯·나절삯·때삯 ← 시급(時給), 시간급

날삯·하루삯 ← 일당(日當), 일급(日給), 일수(日收), 일수입, 일부(日賦)

이레삯 ← 주급(週給)

달삯 ← 월급, 월세

해삯 ← 연봉(年俸), 연급(年給)

푸름이 여러분이 곁일이나 샛일이나 틈일을 한다면 '밑일삯(최저 임금)'에 맞추어 '시간제 수당'을 받겠지요? 짧게 '시급'이라고들 하는데, 이 일본 말씨도 새롭게 나타낼 수 있습니다. '시간'이란 한자말을 나타내는 우리말로는 '겨를·결·나절·때'가 있습니다. 이 네 낱말은 느낌이나 쓰임이 조금씩 달라요. 이런 낱말에 '-삯'을 붙여 볼 수 있어요. '급(給)'이란 한자말은 "일하여 받는 돈"을 나타내고, 이는 우리말로 '삯'입니다. 우리가 무엇을 배우면서 '교육비'나 '학비'를 쓴다고 하는데, 이때에 쓰는 한자 '비(費)'도 '삯'이나 '돈'을 나타내요. 그래서 우리는 '배움삯'이나 '배움돈'을 치러요.

이 얼거리를 살핀다면, 시간으로 쪼개어 삯을 받으면 '겨를삯'이나 '결삯'이나 '나절삯' 같은 이름을, 하루로 쪼개어 삯을 받으면 '날삯'이나 '하루삯' 같은 이름을, 달로 쪼개어 삯을 받으면 '달삯'으로, 한 해를 통틀어 삯을 받으면 '해삯' 같은 이름을 쓸 만해요.

여러 이름을 우리 삶자리에서 가만가만 헤아려서 엮습니다. 알바나 부업 같은 이름이 없던 지난날에도 어린이나 푸름이는 어른 곁에서 일을 거들었어요. 예전에는 '돕다·거들다'란 말을 쓸 뿐 굳이 틈일이나 토막일처럼 새말을 지어서 써야 한다고 여기지 않았지만, 요새는 작게 갈라서 일을 하고 삯을 주고받으면서 새로운 말도 있어야 합니다. 둘레를 가만히 살피면, 또 우리 삶자락에 흐르는 틈새를 찬찬히 들여다보면, 알맞거나 재미나거나 즐거운 말씨를 찾아낼 수 있어요.

38

'텃말'이 뭐예요?

물어봅니다

이야기를 들려주시면서 '텃말'이란 말을 쓰셨어요. 언뜻 듣기에 '토박이말'

을 그 낱말로 가리키셨나 싶은데, 맞나요? 그렇다면 왜 '토박이말'이라 안

하고 '텃말'이라고 이야기하는지 알려주세요.

텃말이란, 우리가 이 땅에서 살아오면서 보금자리(텃자리)에서 손수 지은 말입니다. 그냥 '토박이말'이라고만 하면 '순우리말'로만 여겨 버릇하더군요. 순우리말이라고 하면 한자나 영어나 일본말에 물들지 않은 말이라고만 생각하곤 해요. 그러나 모든 나라 모든 겨레는 스스로 새말을 짓기도 하지만, 이웃한테서 듣거나 배운 말을 바탕으로 새말을 짓기도 해요. '고추·고무·고구마' 같은 낱말은 다른나라 말이 일본을 거쳐 이 땅에 들어올 적에 우리 나름대로 손질하고 가꾸어서 쓰는 낱말이에요. 텃말이라면 이런 낱말도 아우른다고 여겨요. '감자·배추'도 처음부터 우리가 새로 지은 말이 아니랍니다. 이웃나라를 거쳐 이 땅에 들어왔고, 이 나라 사람들 삶과 살림에 맞추어 이모저모 손질하면서 오늘 같은 말꼴로 굳었어요.

텃말이란, 오래되었으면서 새로운 말이기도 합니다. 오랫동안 누구나 흔히 썼기에 오래된 말이지요. 옛날뿐 아니라 오늘도 쓰고 앞으로도 쓸 흔하면서 수수한 말이기에 새로운 말이기도 합니다.

그러면 제가 '텃말'이란 낱말을 어떻게 지을 수 있었나를 밝힐게요. 처음에는 '토종 씨앗'이라는 말이 거슬렸기 때문이에요. '토종 씨앗'이란 말에서 '토종(土種)'은 '터(흙) + 씨앗'인 얼거리입니다. '토종 씨앗'이라 하면 '터 + 씨앗 + 씨앗'인 셈이니, 얄궂은 겹말이랍니다. 그러나 '토종 씨앗'이 얄궂은 겹말인 줄 못 느끼는 분이 아주 많아요. 다들 그냥 쓰시더군요.

제 나름대로 이 얄궂은 겹말을 어떻게 손질해야 좋을까 하고 생각을 기울여 보았어요. 쉽게 실마리를 찾지 못했어요. 이러다가 어느날 '텃새·철새'라는 낱말이 떠올랐어요. 이 땅에 뿌리를 내리며 살아가는 새를 텃새라고 해요. 철을 따라 보금자리를 옮기는 새는 철새라하지요. 그렇다면 이 땅에서 먼먼 옛날부터 뿌리를 내려 살아온 씨앗이라면, 풀씨나 남새씨라면, '토종 씨앗'이 아니라 '터 + 씨' 얼거리로 '텃씨'라 하면 되겠다고 깨달았습니다.

'텃씨'라는 낱말을 얻기까지 여섯 해쯤 걸렸어요. 여섯 해를 생각한 끝에 이 낱말을 지었습니다. 낱말 하나를 지으려고 여섯 해를 지켜본다니, 좀 굼뜨거나 어리숙하다고 여길 만해요. 그런데 저는 스무해 만에 실마리를 찾은 낱말도 있고, 서른 해까지 걸려서 드디어 수수께끼를 풀어낸 낱말도 있답니다.

그런데 있지요, 텃씨 한 마디를 여섯 해 만에 생각해 내어 지어 보았더니, 온갖 말이 뒤따라 떠오르더군요. '북미 원주민·북미 토박이'를 '북미 텃사람'이라 할 만해요. 어울려요. '고향'은 '텃마을'이라 할 만하고, 나고 자란 터전에서 얻는 힘은 '텃힘'이라 할 만해요. 또 어울려요. 옛날부터 어버이가 아이한테 물려주기를 되풀이한 오래된 집이라면 '텃집'입니다. 이른바 '종가·종가집'이란 '텃집'이에요. 새삼스레 어울리더군요. '전통놀이'는 '텃놀이'라 할 수 있고, '전통문화'는 '텃살림'이라 할 수 있지요. 이렇게 무던하게 어울리니 얼마나 재미나던지요. 그리고 '토박이말·고유어'는 바로 '텃말'로 손질할 만한데, 바깥말이나 바깥바람을 물리치거나 고개 돌리는 말이 아닌, 바깥말이나 바깥바람도 슬기롭게 살펴서 넉넉히 받아들여 우리 삶말을 살찌우는 말이기에 텃말이라 할 수 있습니다.

'터'는 '일터·삶터·놀이터·쉼터·만남터·모임터·옛터·절터·집터·그림터'처럼 씁니다. 이 가운데 '삶터'를 눈여겨보기로 해요. 영어 'society'를 일본 지식인은 '사회(社會)'라는 한자말로 옮겼는데요, 우리는 '삶터'로 'society'를 나타낼 만하구나 싶더군요.

더 헤아리면 '생활공간·주거공간' 같은 일본 한자말은 '살림터'로 담아낼 만해요. 살림터라는 낱말로 일본 한자말을 손질한다기보다, 살림터라는 낱말로 우리가 지내는 자리를 넉넉히 나타낼 만하다는 이야기입니다.

'터'라는 말은 '땅·흙'하고 맞닿습니다. '터·땅·흙'은 비슷하면서도 다른 결로 여러모로 써요. 그리고 '터'는 '자리·곳·데' 같은 말하고 닮으면서도 다른 결로 즐겁게 쓰지요. 이 고리를 헤아려 본다면 '삶터·살림터'하고 비슷하면서 다른 '삶자리·살림자리'를 쓸 수 있습니다.

처음에는 아주 작은 말 하나입니다. 이 작은 말 하나를 스쳐 보낼 수 있습니다만, 바로 이 작은 말 하나를 눈여겨보면서 숱한 말을 새롭게 짓는 길을 찾을 수 있어요. 이 작은 말을 하찮게 보면 우리 말살림이나 말넋은 매우 가난하거나 허술하기 마련입니다. 이 작은 말부

쉬운 말이 평화

터 대수롭게 본다면 우리 손과 숨으로 말살림이며 말넋을 무척 넉넉하거나 알차게 키우기 마련입니다.

푸름이 여러분도 '터(텃)'를 잘 살려서 새로운 말을 얼마든지 지을 만합니다. 같은 마을이나 고장에서 나고 자란 동무가 있으면 '텃동무·텃벗'입니다. 같은 마을이나 고장에서 나고 자라서 함께 살림을 짓는 사이가 되면 '텃짝·텃지기'가 되어요. 이러면서 서로 '텃님'이 되겠지요. 텃동무나 텃짝도 텃님인데, 오랜 시골집을 지키는 구렁이나 장승 같은 님도 텃님이 되어요.

39

맞춤법이 너무 어려워요

글을 잘 쓰고 싶은데 맞춤법이 너무 어려워요. 어떡해야 할까요?

맞춤길이 어려울 수 있습니다. 맞추어서 써야 하는 길이기에 아무래도 버거울 수 있어요. 이 맞춤길이란 우리가 저마다 다르게 살아가며 생각하는 이야기를 스스로 담아내는 길이 아닌, 나라에서 세운 틀을 고스란히 외워서 따라야 하는 길인 터라, 아무래도 까다롭다고 여길 만합니다.

맞춤법 = 맞추다 + ㅁ + 법(法)

저는 '맞춤법'이란 낱말을 '맞춤길'처럼 말끝을 슬쩍 바꾸어 보곤 합니다. 왜 그러한가 하면, '법'이 나쁘지 않을 테지만 너무 딱딱하거든요. 더구나 우리 삶터를 살피면, 이 법이란 그물이나 테두리를 요리조리 빠져나가는 분이 참 많아요. 다같이 즐겁게 맞추거나 지켜서 다함께 아름다이 살아가자는 터전일 텐데, 오늘날 법은 법 노릇을 꽤 못하지 싶습니다.

맞춤길 = 맞추는 길

말끝 하나를 바꾸어서 씁니다만, 우리가 나아갈 길을 보면 좋겠어요. '길'입니다. 길은 막히지 않은 자리를 나타내요. 그렇지요? '길'이라고 하면서 울타리나 담을 쌓아서 막는다면, 그곳은 길이 아니에요.

길이라고 하면 트이거나 열린 자리입니다. 트이거나 열려서 누구나 마음껏 드나들 수 있는 자리예요.

이노무 가시나야

이노므 가스나야

이놈 가시내야

세 가지 보기를 들어 봅니다. 서울말로는 '가시내'요, 요새는 이 오랜 우리말보다 '여성·여자'로 흔히 쓰는데, 나라 곳곳에서는 '가시나'라든지 '가스나'라든지 '가스나이'처럼 말결이 달라요. 이른바 고장말, 사투리, 마을말입니다. 자, 여러분이 경상도 사람이라면 어느 말로 맞추어서 써야 어울릴까요? 여러분이 전라도 사람이라면? 강원도 사람이나 충청도 사람이라면? 또 제주도 사람이라면?

궁둥이가 뜯어졌어

궁디가 틑어졌어

두 가지 보기를 더 적습니다. '궁둥이·궁디'하고 '뜯어지다·틑어지다'입니다. 이른바 서울 표준말하고 사투리라 할 말씨입니다. 두 가지 가운데 어느 한쪽만 써야 바른 맞춤길일까요? 아니면 말결이나

쉬운 말이 평화

말느낌을 새롭게 하려고 이렇게도 쓰고 저렇게도 쓸 수 있을까요?

불그스름한 가을빛

붉으락푸르락 달아오른 낯빛

두 가지 보기를 또 들게요. 어느 때에는 '불그'처럼 여는데, 어느 때에는 '붉으'처럼 열어요. 맞춤길이 다르지요. 그런데 '붉으스름'이라든지 '불그락'으로 쓰면 안 될까요? 틀릴까요? 어긋날까요?

불·붉다

빨강·발갛다·밝다

뿌리는 하나이되, 잔뿌리가 갈리면서 말꼴이 조금씩 달라집니다. 활활 타오르는 불을 보면서 '불빛'이라 하고, 이 불빛을 바탕으로 '붉다'란 말이 태어납니다. '빨강'하고 '발갛다'는 센말 여린말로 갈리는데, 이러한 빛깔말, 곧 불이 타오르면서 빛나는 모습을 살피면서 '밝다'라는 말이 태어납니다.

같은 뿌리라지만 말꼴은 달라요. 맞춤길이란 바로 이러한 길입니다. 나타내거나 담으려는 느낌은 같거나 비슷하거나 닮더라도, 이 느낌이 비슷해 보이지만 다르기에, '비슷하면서 다른 느낌을 낱낱이 가르려'고 맞춤길을 마련해요.

이 맞춤길을 잘 생각하면서 낱낱이 가를 줄 안다면 가장 좋겠지요. 아직 맞춤길이 서툴다면 서툰 까닭을 스스로 돌아보면서 지켜보기를 바라요. 하루아침에 맞춤길을 다 익히지 못하거든요.

입으로 하던 말을 손으로 옮기는 글이 될 적에 아직 맞춤길이 서툴다면, 글을 적게 썼다는 뜻일 수 있어요. 자꾸 글을 써 본다면, 글을 써 보면서 다른 사람 글을 읽어 본다면, 이러면서 사전을 곁에 두고서 들춘다면, 맞춤길은 어느새 반듯반듯 가다듬을 수 있답니다.

서두르지는 마셔요. 오늘은 아직 맞춤길을 다 못 익혔을 수 있어요. 어른인 저도 매한가지랍니다. 어른인 저도, 게다가 사전이란 책을 쓰는 저조차, 때로는 틀린 맞춤길을 틀린 줄 모르고 쓰기도 합니다. 왜 그럴까요? 말은 끝이 없거든요. 저도 늘 말을 새로 배워요. 그리고 저 스스로 아직 서툴거나 미처 몰랐던 대목·말씨·낱말·말빛을 새롭게 느끼면서 즐겁게 배워요.

맞춤길이 까다롭거나 어렵거나 힘들거나 힘겹거나 버겁거나 벅차다면, 아직 낱말이나 말씨나 말자락이나 글월이 우리한테 익숙하지 않다는 뜻이에요. 곰곰이 생각해 보셔요. 제가 바로 앞서 '까다롭다·어렵다·힘들다·힘겹다·버겁다·벅차다'란 여섯 가지 낱말을 줄줄이 들었습니다. 비슷하지만 다른 낱말이에요. 뜻이나 느낌이 꽤 닮지만 똑똑히 다른 낱말이랍니다. 푸름이 여러분이 이 여섯 낱말이 어떻게

쉬운 말이 평화

비슷하면서 다른가를 가를 수 있다면, 맞춤길을 꽤 훌륭히 가다듬는다고 할 만해요.

느긋하게 지켜보셔요. 틀려도 좋습니다. 틀릴 적마다 '아, 이 대목은 틀렸네? 어떻게 쓰면 될까?' 하는 마음으로 즐겁게 배워 보셔요. '아, 또 틀렸잖아! 짜증나!' 하면, 아무래도 맞춤길을 못 익힌답니다. 짜증으로는 배우지 못하거든요. 아직 우리가 어설프거나 서툴 수 있다고 받아들이면서 넉넉히 맞이하면서 하나씩 가다듬어서 스무 살이며 마흔 살이며 예순 살에 눈부시게 피어날 여러분 모습을 마음으로 그리시면 좋겠습니다.

40

내가 바라는 말을 찾기

물어봅니다

만약에 사람들이 맞지 않는 표현도 아닌데 "서양말이든 한자말이든 내가 원하는 말을 골라써도 되지 않냐"며 굳이 우리말을 써야 하는 까닭을 묻는다면 저는 어떤 말로 그 사람들을 설득할 수 있을까요?

쉬운 말이 평화

먼저 이렇게 말하고 싶어요. "굳이 우리말을 써야 하는 까닭"을 묻는 그분들을 타이르지 말아 주셔요. 아마 이야기가 안 되고, 말싸움(논쟁)이나 말다툼(토론)만 되지 않을까요? 저는 이웃님을 달래려고 낱말책을 쓰지 않습니다. 낱말책을 쓰려면 보기글이며 밑글을 잔뜩 헤아려야 하는데, 이러면서 '새롭게 생각을 밝혀서 쓰기'를 함께 살핍니다. '저라면 이 글에 담은 줄거리를 이렇게 말을 하겠다'는 뜻을 새롭게 밝힙니다. 보기를 들게요.

칼로 썰어 만드는 칼국수 (보기글 ㉠)

→ 칼로 썰어 끓이는 칼국수

→ 칼로 썰어 먹는 칼국수

→ 칼로 썰어서 하는 칼국수

→ 칼로 써는 국수

저는 칼국수를 '끓여'서 먹습니다. 저는 칼국수를 '만들'지 않아요. 그러나 영어 'make'를 우리말에 끼워넣어 "국수를 만든다"고 말하는 분이 꽤 있습니다. 이렇게 말하는 분은 이 말씨를 스스로 못 고치더군요. 스스로 길들었거든요.

제대로 말하자면, 국수는 '삶'습니다. 삶는 모습은 '끓이기'하고 비슷하니 "국수를 끓여서 먹는다"처럼 말할 수 있어요. 밥을 '짓다·하다'로 말하니 "칼로 썰어서 하는 칼국수"처럼 말해도 되겠지요. 다른 보기를 들게요.

> 사람이 사는 데 필요한 세 가지 요소인 의식주(衣食住) 가운데 (보기글 ⓒ)
> → 사람이 살며 꼭 곁에 둘 세 가지인 옷밥집 가운데
> → 사람이 꼭 갖추며 살아가는 세 가지 옷밥집 가운데
> → 사람이 살자면 갖출 세 가지 옷밥집 가운데
> → 사람이 갖추며 사는 옷밥집 가운데

보기글 ⓒ을 네 가지로 새롭게 써 봅니다. 손질하지 않아요. 저라면 이러한 줄거리를 이처럼 새로 쓰겠다는 뜻일 뿐입니다. 보기글 ⓒ을 잘 보면 '필요'하고 '요소'란 한자말이 나오는데, 두 한자말은 '요(要)'라는 한자가 나란히 깃들어요. 보기글 ⓒ은 겹말인 셈이지요. 보기글 ⓒ을 쓰신 분은 '의식주'라고만 하지 않고 한자로 '衣食住'를 달았어요. 저는 이 말씨를 '옷밥집'으로 적어 봅니다. '옷밥집'으로 적으면 다섯 살 어린이도 알아볼 테니까요.

이제 물음말을 생각할게요. 우리가 스스로 생각을 깊고 넓게 한다면, 생각도 깊고 넓게 나타낼 테고, 생각을 담은 말이나 글도 깊고 넓게 나타나기 마련입니다. 이때에 볼 대목은 '깊거나 넓게 생각을 담은 말이나 글'은 영어인가 한자말인가 일본말인가 독일말인가 프랑

쉬운 말이 평화

스말인가, 아니면 우리말인가라 할 수 있어요.

"우리말이 있으니 굳이 우리말 아닌 영어나 한자말을 안 쓴다"가 아닙니다. 우리 스스로 우리 생각을 가장 잘 나타내면서 스스로 즐거울 뿐 아니라, 이웃하고 한결 넉넉하고 상냥하게 어우러지는 길을 살피면서 '우리말을 더욱 깊고 넓게 살펴서 쓰는 말결'을 돌아본다고 할 수 있습니다.

"굳이 우리말을 쓰려고는 하지 않아도 좋다"고 이야기하겠어요. 우리 생각을 마음에 슬기롭게 담아서 글이나 말로 사랑스레 펼칠 수 있도록 '우리말을 한결 깊고 넓게 보듬으며 생각을 펴자'고 이야기하겠습니다.

41

나이를 새롭게 읽고 싶어요

저는 이제 열다섯 살이에요. 국어 시간에 배웠는데 열다섯 살이면 '지학(志學)'이래요. 논어에 나오는 말이라고 해요. 그런데 '지학'이란 말은 중국사람이 지은 말이잖아요? 우리는 우리 나름대로 다른 이름을 지을 수 있을까요?

한자를 바탕으로 한문을 쓰는 중국에서는 마땅히 한자로 새말을 엮어서 씁니다. 우리나라는 한글이란 글씨를 씁니다만, 이 글씨가 없었어도 모두 말로 이야기를 엮어서 나누었어요. 다만 우리나라는 아직 한글이란 글씨를 마음껏 쓴 지 오래지 않아서, 우리가 스스로 우리 입으로 나누는 말로 새 낱말을 짓는 길이 서툴거나 낯설다고 여기곤 합니다.

중국에서 '지학'이란 한자를 엮은 얼개를 보면, 그냥 두 한자 '지(志) + 학(學)'으로 썼을 뿐이에요. 열다섯 살이라는 나이라면 제대로 널리 배우는 길을 간다는 뜻일 텐데요, 이때에 배움이란 학교만 다니거나 책만 읽는다는 뜻은 아니에요. 온누리를 둘러싼 삶이며 살림이며 숨결을 고루 살펴서 배운다는 뜻이랍니다.

저한테 물어보신 말을 곰곰이 생각하니, '지학'뿐 아니라 여러 가지 이름이 있네요. 스물, 서른, 마흔, 쉰, 예순 같은 나이를 두고서 '약관, 이립, 불혹, 지천명, 이순' 같은 한자 이름이 있네요. 또 일흔 나이를 두고서 '고희'나 '종심'이나 '희수'란 한자 이름도 있어요.

우리나라에서 쓰는 이름을 보면 아직 '열다섯, 스물, 서른, 마흔, 쉰, 예순, 일흔'처럼 숫자를 나타내는 이름만 있네요. 그렇다면 우리 나름대로 '나이를 새롭게 바라보도록 북돋우는 이름'을 지을 만하겠어요.

열다섯·배움나이·배움길·배움눈길·배움철 ← 십오 세, 지학(志學)

스물·의젓나이·의젓길·의젓눈길·의젓철 ← 이십 세, 약관(弱冠)

서른·똑똑나이·똑똑길·똑똑눈길·똑똑철 ← 삼십 세, 이립(而立)

마흔·홀가분나이·홀가분길·홀가분눈길·홀가분철 ← 사십 세, 불혹(不惑)

쉰·하늘나이·하늘알이·하늘눈길·하늘철 ← 오십 세, 지천명(知天命), 지천
(知天)

예순·둥글나이·둥글길·둥근눈길·둥근철 ← 육십 세, 육순(六旬), 이순(耳順)

일흔·바른나이·바른눈길·바른길·바른철 ← 칠십 세, 칠순, 고희(古稀), 종심
(從心), 희수(稀壽)

여든·트인나이·트인길·트인눈길·트인철 ← 팔십 세, 팔순, 산수(傘壽)

아흔·고운나이·고운길·고운눈길·고운철 ← 구십 세, 구순, 졸수(卒壽)

온·온나이·온길·온눈길·온철 ← 백세, 상수(上壽)

배우는 나이라면 '배움나이'라 하면 되어요. 아주 수수하지요. 이
렇게 수수한 이름부터 생각하면 좋겠어요. 바로 이 수수한 이름에서
새롭게 생각을 지필 이름이 태어나는 바탕이 서거든요. 배움나이란
'배움길'이면서 '배움눈길'이 돼요. 그리고 배우면서 철이 든다는 얼
거리로 '배움철'이라 해도 되겠지요.

스무 살은 의젓하게 서는 나이라고 느껴요. 이때에는 푸름이 여러
분도 어버이 손길을 떠나 스스로 삶터를 부대낀다고 할 만하니 의젓

하게 서겠지요? '의젓나이'예요.

서른 살은 그동안 배운 길을 가다듬고 여태 의젓하게 살아온 나날을 되짚을 테니 한결 똑똑하다고 여길 만해요. '똑똑나이'라 하면 어떨까요? 마흔이라는 나이에 이르면 둘레에 휘둘리지 않는다고 합니다. 누가 꼬드긴대서 넘어가지 않을 만하고, 남이 무어라 따져도 가볍게 튕길 줄 아는 나이래요. 그래서 '홀가분나이'라 해보고 싶어요.

쉰이라고 하면 하늘이 흐르는 길을 안다고들 하니 '하늘나이'라 하면 어울릴까요? 예순이라고 하면 이제 모가 사라지고 둥글둥글 어우러지거나 사귄다고들 합니다. 이런 모습을 고스란히 살려서 '둥글나이'라 해도 좋겠어요.

이다음 일흔부터는 우리 나름대로 생각할 대목이에요. 배웠고, 의젓했고, 똑똑했고, 홀가분했고, 하늘을 읽었고, 둥글둥글했다면, 이제는 언제 어디에서나 바르리라 여겨요. '바른나이'라 할 만해요. 여든이라면 바른눈길을 넘어서 활짝 마음을 틔우는 때이지 싶어요. '트인나이'라 해보고 싶습니다.

바야흐로 아흔 줄에 접어들면 이 모든 살림을 곱게 다스리면서 스스로 고운 눈빛이 되는 '고운나이'라 할 수 있다고 느껴요. 그리고 백 살에 다다르면, '온'이란 낱말을 넣고 싶어요. 우리말 '온'은 바로 '100(백百)'이라는 한자를 나타낸답니다. 그리고 '온'은 숫자 '100'뿐 아니라 '모두·모든'을 가리켜요. 그래서 '온나이'라 하면 모든 것을 아우를 줄 아는 너르면서 깊은 숨결을 그려 볼 수 있습니다.

제 나름대로 생각해서 이름을 붙여 본 나이를 갈무리해 볼게요. 배움나이(15), 의젓나이(20), 똑똑나이(30), 홀가분나이(40), 하늘나이(50), 둥글나이(60), 바른나이(70), 트인나이(80), 고운나이(90), 온나이(100)입니다. 저부터 스스로 이러한 나이를 거치는 동안 이러한 숨결이자 몸짓이자 마음이 되고 싶은 뜻을 담아서 이름을 지어요. 푸름이 여러분은 어떤 이름으로 짓고 싶나요? 어느 나이에 어떤 마음이자 살림이자 사랑으로 서고 싶나요?

푸름이 여러분도 스스로 나이에 맞는 이름을 지어서 그 나이를 살아 보시면 좋겠어요. 우리가 스스로 이름을 지어서 그 나이를 산다면 참말로 우리는 그러한 마음이자 눈빛이자 생각이자 사랑으로 살림을 짓고 살아가는 슬기로운 어른이자 사람이 될 만하다고 봅니다.

42

그녀

'그녀'는 일본 말씨라고 하는 이야기를 들었어요. 그런데 왜 이런 말씨가 안 사라질까요? 좀 구체적인 보기를 들면서 '그녀'를 안 쓸 수 있는 길을 더 알려주시면 좋겠습니다.

그래요, 물으신 말씀처럼 좀 낱낱이 짚어야 알아볼 만하지 싶어요. 요새는 어린이책에까지 '그녀'를 쓰는 분이 많은데요, 여러 가지 책에서 뽑은 보기를 죽 들면서, 어떻게 풀어내거나 담아내거나 녹여낼 만한가를 밝히겠습니다.

> 하지만 평화에 대한 그녀의 간절한 외침은 이뤄지지 못했어요
> → 그러나 평화를 그토록 바란 그 외침은 이뤄지지 못했어요
> → 그런데 평화를 애타게 바란 그분 외침은 이뤄지지 못했어요

수수하게 "그 외침"이나 "그분 외침"처럼 쓸 수 있어요. 또는 그분 이름을 들면서 다듬어도 좋아요. 이 대목에서는 더 생각해 보면 좋겠는데요, 남자 어른한테는 으레 '그분'이란 말을 쓰는데 여자 어른한테는 뜻밖에 '그분'이란 말을 잘 안 쓰고 '그녀'라 하는 분이 많더군요. 일본 말씨를 가다듬는 길 못지않게 남녀평등이란 대목도 살피면 좋겠어요.

> 그녀가 입고 있던 하얀 가운
> → 간호사가 입던 하얀 옷
> → 그 사람이 입은 하얀 옷
> → 그분이 입은 하얀 옷

쉬운 말이 평화

→ 그님이 입은 하얀 옷

여기에서는 '간호사'가 어울려요. 또는 "그 사람"이라 하면 되고, 이름을 밝혀도 되지요. 그리고 '그분'을 쓸 수 있는데, '그님'이라 해도 어울려요.

그곳에서 그녀를 보고
→ 그곳에서 시앵을 보고
→ 그곳에서 아기 엄마를 보고

여기에서는 "아기 엄마"라 하거나 이름을 밝히면 된답니다. 아기 엄마이니 "아기 엄마"라 하면 되어요.

그녀의 이마에
→ 할머니 이마에
→ 그분 이마에

할머니는 할머니랍니다. '할머니'라 하면 되어요. 또는 '그분'이라 하면 되지요.

세상의 아픔을 어루만지는 그녀

→ 온누리 아픔을 어루만지는 동생

→ 온누리 아픔을 어루만지는 아이

동생을, 또는 아이를 가리킬 자리에 '동생'이나 '아이'라 하지 않고 '그녀'라 한 대목이에요. 자, 우리 곁에 있는 그대로 '동생'이나 '아이' 라 하면 될 테지요?

우리말로는 '그'를 수수하게 쓰면 됩니다. 다음으로 '그이·그분·그님'이나 "그 사람"을 알맞게 살펴서 쓰면 되어요. 또는 이름을 밝히면 되고, 암탉인지 암소인지 암고양이인가를 헤아려서 쓰면 됩니다.

'그녀'는 '피녀(彼女)'라는 일본 말씨입니다. '피녀'란 일본 말씨는 일본이 서양 총칼나라(제국주의) 군홧발에 깜짝 놀란 뒤에 서양 총칼 나라를 뒤쫓으려 하면서 서양말을 흉내내다가 지은 말씨예요. 일본에도 예전에는 'she'를 가리키는 말씨는 딱히 없었어요. 우리는 남 흉 내를 낼 까닭이 없어요. 이웃한테서 배우며 우리 나름대로 새 말씨를 가꾸면 좋아요.

쉬운 말이 평화

43

'국민학교'하고 '초등학교'란 이름

예전에는 '국민학교'라는 이름으로 쓰다가 '초등학교'로 이름을 바꾸었다고 들었어요. 이름을 왜 바꾸어야 했는지 궁금해요. 그리고 이렇게 이름을 바꾸었다면, '초등학교'라는 이름도 더 나은 이름이 있으면 또 바꿀 수 있을까요?

먼저 뒷물음부터 이야기할게요. 이름은 우리 뜻대로 바꿀 수 있습니다. 듬직하고 참다운 일꾼이 대통령으로 서기를 바란다면 못미덥거나 어설픈 이를 끌어내리고서, 아름답고 착한 일꾼을 그 자리에 세울 수 있어요. 다른 사람이 아닌 바로 우리 힘으로 말이지요. 이러면서 '대통령'이란 이름까지 바꾸자고 할 만하지요. '대통령'도 일본 한자말이거든요. '큰일꾼'이라든지 '큰심부름'처럼. 또는 '큰꽃님' 같은 이름을 지어서 부디 꽃 가운데 크고 고운 꽃답게 일을 하면 좋겠다는 뜻을 밝혀도 되어요.

앞물음을 이야기할게요. 적잖은 어른은 "국민 여러분"이라든지 "국민 배우" 같은 말을 흔히 써요. 그런데 이렇게 쓰는 '국민'은 "나라를 이루는 사람"을 가리키는 뜻이 아닌 다른 뜻하고 결을 품은 채 태어났습니다. '국민·국어·국가(國歌)'처럼 '국(國-)'이란 한자를 붙인 낱말이 다 매한가지예요.

일본한테 억눌리던 때(일제강점기)에 불거진 이름인데요, 총칼질(군국주의)을 내세워 아시아 여러 나라를 군홧발로 짓밟은 그들은 아시아 여러 나라 사람이 일본 우두머리를 섬기거나 모시거나 따라야 한다는 뜻으로 '국민'이란 한자를 가져다가 썼습니다.

총칼을 앞세운 일본이 '국민·국어·국가(國歌)'처럼 '국(國-)'을 붙인 한자말을 쓰기 앞서까지 중국은 '중국어(중국말)'로, 일본은 '일본어(일본말)'로, 우리나라는 그때에 조선이란 이름이었으니 '조선어(조

쉬운 말이 평화

선말)'로 이름을 붙였어요. 이러다가 중국도 우리나라도 대만도 제 나라 말글을 다 못 쓰게 하면서 '국어'란 이름으로 일본말을 배워서 쓰라고 윽박질렀습니다.

이런 흐름하고 맞물려서 '국민학교'란 이름이 나왔어요. 어린이가 다니는 학교에 '국민'이란 이름을 붙이면서 일본 우두머리가 시키는 대로 허수아비가 되라는 뜻이었지요. 이리하여 이런 슬프며 아플 뿐 아니라 끔찍한 기운이 서린 이름인 '국민'이란 이름을 떨구어 내자는 목소리가 불거졌어요. 다만 처음부터 불거지진 못했어요. 우리나라 는 무척 오랫동안 군사독재란 서슬퍼런 군홧발 밑에 있었거든요. 군 사독재 군홧발이 수그러들도록 민주물결 목소리를 내던 1980년대로 접어들면서 이 목소리가 터져나왔고, 여느 사람들은 '어린이 배움터' 나 '어린이 학교'로 아예 새롭게 이름을 쓰자고 외쳤어요. 이때에 나 라(정치인·공무원)에서는 '어린이'란 이름도 '배움터'란 이름도 안 받 아들이고 '초등'으로 바꾸기로 했습니다.

오늘 우리 삶터를 보면 '초등학교·중학교·고등학교'인데요, 곰곰 이 보면 '어린이 배움터·푸름이 배움터'로만 갈라도 좋아요. 어린이 로서 삶을 가꾸는 맑은 길을 배우는 터전이니 어린이 배움터이지요. 푸름이(청소년)로서 삶을 짓는 슬기로운 사랑을 배우는 터전이니 푸 름이 배움터입니다. 단출하게 '어린배움터'하고 '푸른배움터'라 해도 어울립니다.

앞으로 이처럼 새롭게 이름을 붙일 수 있다면, 이 이름이 나타내는 뜻 그대로 이 나라 숨결도 거듭날 만하리라 생각해요. 어떤 이름을 붙여서 쓰느냐에 따라 어떤 삶으로 나아가느냐도 달라지거든요. 일본이 총칼을 앞세워 옥박지르던 수렁에서 벗어난 아시아 여러 나라는 하나둘 '국민·국어' 같은 이름을 떨쳤어요. 그러나 우리나라는 총칼나라 못지않은 군사독재 등쌀에 눌려 사람들 목소리가 흐르지 못했답니다. 말은 언제나 삶터를 고스란히 담기에, 차갑거나 억눌린 터전에서는 말도 차갑게 꽁꽁 얼어붙고 말아요.

찬찬히 생각하면 좋겠어요. 총칼나라 일본이 여러 나라를 옥박지르던 기운이 물씬 흐르는 "국민 배우"나 "국민 여동생" 같은 말을 굳이 써야 할까요? 우리 모두 '꽃길'을 걷자는 마음으로 '꽃배우'나 '꽃여동생'처럼 이름을 붙여서 반가이 부를 수 있지 않을까요?

저는 '푸름이'란 이름을 씁니다만, 이 이름이 아직 낯설다면 "청소년 학교" 같은 이름도 좋아요. 중학교나 고등학교처럼 딱딱한 이름이 아니라, "청소년 첫학교(← 중학교)"하고 "청소년 다음학교(← 고등학교)"라 해보아도 됩니다. 해맑게 사랑인 마음으로 지어서 부르는 이름으로 우리 삶터를 가꾸면 좋겠어요.

44

이오덕이라는 분이 궁금해요

이오덕이라는 분이 쓴 책을 읽어 보았습니다. 그런데 쉽지 않기도 하고, 때로는 좀 아니다 싶은 대목도 보았습니다. 이오덕이라는 분이 우리 말과 글을 바르게 쓰자는 뜻을 폈다고 들었는데, 이분은 어떤 일을 하셨나요?

이오덕이라는 분은 1925년에 태어나셨고, 2003년에 돌아가셨습니다. 1944년부터 교사로 일하셨는데요, 일제강점기에 이 나라 어린이한테 우리말이 아닌 일본말을 가르쳐야 했습니다. 그즈음 교사로 일한 사람이라면 누구나 이렇게 해야 했지요. 해방 뒤로 이때 일을 몹시 부끄럽게 여기셨고, 아이들한테 어떻게 잘못을 빌어야 하나 하고 생각하면서, 어린이가 삶을 글로 즐겁고 슬기롭게 담아내도록 힘쓰는 한길을 걸었어요. 부끄럽던 일제강점기 교사 노릇을 뉘우치려고 글쓰기 교육에 온힘을 쏟았다고도 할 수 있습니다. 그런데 우리나라는 해방 뒤에 모든 곳에서 친일 무리가 드셌어요. 학교에서도 이는 매한가지라서 어린이한테 '억지로 꾸미는 글짓기 교육'이 넘쳤습니다. 이런 판에 이오덕 어른은 아주 외롭게 맞서야 했습니다. 아이들한테 억지스러운 반공 글쓰기나 대통령 찬양 글쓰기를 안 시키려 했어요. 1950~1970년대 시골 아이들은 어릴 적부터 모두 집안일이나 논밭일을 함께 했어요. 그래서 시골 아이들이 늘 마주해야 하는 집안일이나 논밭일 이야기를 글로 고스란히 담도록 이끌었습니다. 억지로 꾸미는 글이 아니라, 시골에서 어버이를 도우면서 늦도록 일하는 삶을 담도록 북돋았고, 연필이나 크레파스나 종이가 없는 아이들한테 연필이나 크레파스나 종이를 내주면서 마음껏 생각을 펼치도록 이끌었지요.

그러나 1950년대부터 1980년대에 이르도록 우리나라는 독재 정치가 군홧발로 서슬퍼렇게 으르렁거렸습니다. 독재 정치는 아이들한테 참다운 삶을 가르치는 사람을 매우 못마땅하게 여겼고, 아주 모질게 괴롭히다가 1986년에 이오덕 어른을 초등학교 교장 자리에서 내쫓았어요.

이렇게 교장 자리에서 쫓겨나고 나서, 대학교에서 두 학기 동안 대학생한테 글쓰기를 가르치는 일을 맡은 적이 있는데, 이때에 대학생이 글을 너무 못 써서 크게 놀랐다고 해요. 더욱이 대학생이라고 하는 열아홉~스무 살 젊은이가 쓰는 글이 터무니없도록 일본 한자말이나 일본 말씨에 젖었기에 어떻게 이런 일이 있을 수 있나 싶어, 이 뿌리를 캐 보자고 여기셨대요. 이러면서 이오덕 어른은 누구보다 어른 스스로 예전에 쓴 글을 돌아보기로 합니다. 이오덕 어른이 1980년대 첫무렵까지 쓴 글은 이오덕 어른이 대학생을 가르치면서 본 글하고 엇비슷했대요. 그러니까 젊은 대학생을 나무랄 노릇이 아니라, 우리나라에서 일제강점기를 겪은 사람을 비롯해서 해방 뒤에 태어나서 학교 교육을 받은 사람 누구나 이렇게 우리말이 아닌 엉뚱한 일본 말씨에 길들거나 젖어든 채 아무것도 못 느끼거나 못 바꾸는 몸짓인 줄 비로소 뼛속으로 느꼈다고 합니다.

이때부터 이오덕 어른은 예전에 쓴 글을 몽땅 뜯어고치기로 다짐합니다. 스스로 우리말을 새로 배운다는 마음이 되기로 하고, 낱말하고 글월하고 말씨가 어떻게 일본 한자말이나 말씨에 물들거나 길들었는가를 낱낱이 파헤치기로 하지요. 이렇게 여러 해를 스스로 새로 배우려는 몸짓으로 애쓴 열매가 1989년에 《우리글 바로쓰기》란 이름으로 태어납니다.

이오덕 어른 스스로 그동안 얼마나 부끄러운 글살림이었나 하고 뉘우치는 책을 낸 셈입니다. 이제까지 부끄러운 글쓰기를 했다면 앞으로는 부끄럽지 않은 글쓰기를 하겠다고 밝힌 셈이에요. 남더러 고치라고 말하기 앞서 이오덕 어른 스스로 이렇게 부끄러운 글살림을 바로잡거나 고칠 테니, 이 《우리글 바로쓰기》를 읽고서 이오덕 어른이 놓치거나 못 보거나 어수룩한 대목을 알려주기를 바랐습니다.

이오덕 어른이 1989년에 선보인 책은 우리말을 우리말답게 쓰자고 밝힌 첫걸음이라고 할 수 있습니다. 이 책이 나오기 앞서 '쉬운 말 쓰기 운동'은 있었으나, 낱말뿐 아니라 글월·말결·말씨까지 모두 아울러서 우리말이 여태까지 얼마나 어지럽게 망가졌는가를 짚은 사람도 책도 일도 없었다고 해요. 스스로 부끄럽다고 깨달아 스스로 바로잡으려고 애쓴 몸짓마저 참말로 없었어요. 이오덕 어른은 일제강점기부터 교사 노릇을 했기에 일본말을 매우 잘 알았고, 해방 뒤에 스스로 뼛속 깊이 뉘우치며 스스로 우리말을 새로 익히는 길을 걸었기에, 이런 책을 써낼 수 있었다고 할 만해요.

《우리글 바로쓰기》라는 책이 1989년에 나온 뒤로 사람들은 두 갈래로 바라보았습니다. 하나는 이오덕 어른처럼 '그래, 우리가 여태

우리말을 우리말답게 배운 적이 없구나. 부끄럽다. 이제부터 어린이 마음이 되어 처음부터 새로 배워야겠네.' 하고 여긴 사람이 있습니다. 이러한 마음인 사람들은 새롭게 '우리 말글을 배우는 글쓰기 모임'을 꾸립니다. 다른 하나는 '해방이 되고도 마흔 해 넘게 지났는데, 이제 와서 어떻게 일본 한자말이나 말씨를 걷어내려고 하느냐? 말도 안 된다. 이제는 일본 한자말이나 말씨도 우리말로 여겨야 한다. 부끄러워 할 까닭이 없이 그냥 써야 한다.'고 여긴 사람이 있지요.

푸름이 여러분은 이제 푸릇푸릇한 나이인 터라 마흔 살이나 예순 살인 어른보다 말을 새롭게 배우기 더 쉽다고 할 수는 없습니다. 더 어리거나 젊기에 말을 슬기롭게 잘 배우지 않아요. 마음이 있는 사람이 말을 슬기롭게 잘 배웁니다. 마음이 있는 사람이 사회나 정치나 문화나 교육을 슬기롭게 바꾸어 새롭게 짓는 길을 걸을 수 있어요.

곰곰이 보면 이오덕 어른은 스스로 배우려고 《우리글 바로쓰기》를 쓰셨어요. 우리 푸름이 여러분도 우리가 늘 쓰는 말(우리말)이 참으로 말다우면서 아름답고 사랑스러울 뿐 아니라, 동무나 이웃하고 즐겁고 상냥하게 나누는 생각꽃으로 피어나도록, 차근차근 스스로 배워 보시면 좋겠습니다.

사람들은 '훌륭한 사람이 하는 말씨'까지 고스란히 받아들이려 합니다. 그러니 몸짓하고 생각뿐 아니라 말까지 오롯이 훌륭할 수 있어야 참다이 훌륭하다고 여길 만하겠지요. 하는 일만 훌륭한 데에서 그치지 말고, 하는 일을 나타내는 말에도 마음을 기울이고 생각을 쏟아서, 사람들이 훌륭한 몸짓을 비롯해서 이에 걸맞게 슬기롭고 아름다운 말씨를 배우도록 북돋우기를 바란 이오덕 어른입니다.

　우리말을 우리말답게 가다듬거나 갈고닦기까지 얼마나 걸릴까요? 갓 태어난 아기가 말을 슬기롭고 알뜰히 쓰기까지 몇 해가 걸릴까요? 영어를 훌륭히 말로 하고 글로 쓰기까지 몇 해쯤 들이면 좋을까요? 열 해라는 나날을 마음에 두고서 영어를 익히면, 열 해 뒤에 영어를 놀랄 만큼 잘하기 마련입니다. 우리 푸름이 여러분도 스스로 '슬기롭고 아름다우며 즐겁게 우리말을 써 보자'는 생각을 마음에 품고 열 해 동안 제대로 익혀 본다면, 푸름이 여러분뿐 아니라, 뭇 지식인 어른들도 열 해쯤 뒤에는 얄궂은 말씨나 틀린 말씨나 번역 말씨나 일본 말씨나 중국 말씨를 거의 다 털어낸, 상냥하며 눈부신 말글로 상냥하며 눈부신 삶을 짓는 길을 걸으리라 봅니다. 이오덕 어른을 놓고 더 궁금하다면 《이오덕 마음 읽기》란 책을 읽어 보시면 좋겠습니다.

45

우리말 번역기 '살림말집'

번역기에 영어 글을 넣을 적에 우리말로 글이 나오는 모습을 보는데, 나오는 글이 죄다 번역 투에 얄궂은 말이더군요. 그래서, 어젯밤에 '얄궂은 우리말'을 넣으면 '수수하고 예쁜 우리말'이 나오는 프로그램을 지어 보면 어떨까 싶었어요. '수수한 우리말 번역기'를 잘 지어 누리그물에서 찾을 수 있도록 한다면, 누구나 '깨끗한 우리말'이 얼마나 쉽고 예쁜지 알 수 있지 않을까요?

저는 고등학교 2학년이던 1992년부터 '어른을 믿지 말고 내가 스스로 새로운 낱말책을 생각해서 짓자'고 생각했습니다. 이 길을 걸은 지 제법 되었구나 싶은데, 저는 제가 '어른'이라는 생각은 하지 않고 뚜벅뚜벅 하루를 걷습니다.

푸른 눈빛하고 젊은 손길로 새로운 풀그림(프로그램)을 짜서 '누리판 손질말 꾸러미(인터넷 순화어 사전)'를 열 수 있다면 참으로 좋겠어요. 날마다 추스르기에 좋을 테고, 여러 사람이 즐겁게 귀띔이나 도움말을 베풀어 줄 만할 테니 한결 알차게 가꿀 수 있겠구나 싶습니다.

그렇지만 하나는 생각해 주면 좋겠어요. 비록 겉보기로는 '얄궂은 한자말' 같지만, 얄궂다는 생각보다는 '저 말씨를 이 말씨로 살짝 손질해 놓으면, 열 살 어린이도 함께 알아들을 만하겠지'라든지 '저런 말씨를 이런 말씨로 가볍게 손질한다면, 전문가 아닌 여느 이웃도 손쉽게 알아볼 만하겠지' 하고 생각해 보면 좋겠어요. 덧붙여 '예쁜 우리말'이 아니라 '즐겁게 생각을 북돋우는 사랑을 슬기로운 살림으로 가꾸는 우리말'을 같이 나누자는 뜻으로 거듭나면 더 반갑겠어요.

저는 말을 모아서 꾸러미로 엮는 일은 잘 해낼 수 있을 테지만, 풀그림을 짜거나 다루거나 '누리판 손질말 꾸러미'로 올리는 일은 엄두가 안 나요. 어떻게 하는지도 모르겠습니다. 우리 이웃님이 이러한 멋지고 알찬 밑그림을 짜 주신다면, 저는 기꺼이 함께하고 싶습니다.

참말로 누리그물에 '살림말집'을 열기를 빌어 마지 않습니다.

이름도 생각해 볼게요. '수수한 우리말 번역기'나 '깨끗한 우리말'보다는 다른 이름이 어울리리라 봅니다. 먼저 '손질말 꾸러미'부터 생각할 만해요. 손질해 주는 셈이니까요. 그러나 '손질'을 달가이 안 여길 분도 있을 테니, 우리가 손질해서 알려줄 말이란, 살림자리에서 즐겁고 사랑스레 쓸 말이니 '살림말 꾸러미'라 할 수 있어요. 저런 말을 이렇게 옮기거나 손질하기에 '번역기'일 테지만, '알림이'나 '나눔이' 같은 이름도 좋습니다. "살림말 알림이·살림말 나눔이"라고 하겠어요. "살림말 알림이·살림말 나눔이"를 찾아보는 자리는 '살림말집'이나 '살림말칸'이나 '살림말터'나 '살림말숲'으로 단출히 줄이면 좋겠습니다.

살림말 알림이·살림말 나눔이 ← 순화어 번역기

살림말집·살림말칸·살림말터·살림말숲 ← 순화어 번역기 사이트

46

"하고 있다"라는 말씨

물어봅니다

"이제 밥 먹고 있어"나 "뭐 쓸데없는 말을 하고 앉아 있어"에서 '있어'가 어쩌다가 영어에 있는 현재진행형을 나타내는 말이 되었는지 알고 싶습니다.

쉬운 말이 평화

"하고 있다"는 우리 말씨가 아니지만 요즈음 사람들이 꽤 널리 씁니다. 우리 말씨인 척하는 이 말씨는 언뜻 보면 걷어낼 길이 없는 듯하지만, 찬찬히 짚으려 한다면 무척 쉽게 걷어낼 길이 나오기도 합니다. 저도 이 말씨를 한동안 썼지만 이제는 말끔하게 털어냈습니다.

예전에는 왜 썼고, 이제는 어떻게 털어냈을까요? 저 스스로 우리 말씨를 제대로 생각하고 즐겁게 찾아내어 사랑스레 익히자는 마음을 튼튼히 세우기 앞서까지는, 그냥 줄줄이 열두 해를 다닌 배움터에서 들려주는 대로 받아들이고 책에서 읽은 대로 썼어요. 배움터에서 가르치고 배움책에 나오며 여느 낱말책이나 글책에 적힌 말씨가 더없이 얄궂거나 엉성하다고 느껴, 이 모두를 갈아엎을 노릇이겠다고 느낄 때부터 어느새 싹 씻어낼 수 있더군요.

"하고 있다"를 비롯한 숱한 '옮김 말씨(번역 문체)·일본 말씨'는 지난 백 해에 걸쳐서 이 나라에서 어지럽게 춤추면서 번졌습니다. 왜 그러했는가를 짚어 본다면, 우리나라는 스스로 영어를 바깥말(외국말)로 받아들이지 않았어요. 우리나라는 일본을 거쳐서 영어를 받아들였습니다. 일본은 일찌감치 영어를 바깥말로 받아들였고, 영어사전을 비롯해 길잡이책(참고서)까지 엮었습니다. 오늘날 우리나라에서 영어를 가르치거나 배우는 자리에서 쓰는 거의 모든 말씨는 모두 일본사람이 지난날에 지은 일본 말씨이거나 일본 한자말입니다.

우리로서는 1920~30년대뿐 아니라 1945년까지 일본이 휘두른 총칼에 억눌려 살았을 뿐 아니라 억지로 일본글과 일본말을 써야 했습니다. 그때에 '일본 말씨나 일본 한자말인 영어 이야기'를 '우리 말씨나 말결'로 손질하거나 고치거나 옮기거나 풀어내려고 마음을 쓰기는 매우 어려웠습니다. 또는 생각조차 못했지요. 이러다가 1945년을 지나 1950년에 남북이 슬프게 싸우는 수렁에 빠져들었고, 싸움수렁이 지난 다음에는 군사독재가 서슬퍼렇게 억눌렀습니다.

우리 삶터에서는 우리말을 우리말답게 쓰는 길뿐 아니라, 영어를 영어답게 익히는 길조차 일본이 총칼로 억누른 사슬에다가 군사독재까지 오래 이어지는 바람에 좀처럼 이 굴레에서 벗어나기 어려웠습니다.

"하고 있다" 같은 말씨는 아픈 생채기이자 부스러기입니다. 오늘은 "하고 있다"로 씁니다만, 일제강점기나 1960~70년대까지는 "하는 中이다"란 말씨가 흔했습니다. 이러다가 '중(中)'을 '가운데'나 '있다'로 바꾸는 말씨가 생겨서 "우리가 모임을 하는 가운데"나 "우리가 밥을 먹는 가운데"처럼 쓰기도 했어요. 그런데 이런 말흐름을 옳게 추스르지 못한 탓에 "우리가 모임을 하고 있는 가운데"나 "우리가 밥을 먹고 있는 가운데"처럼 더욱 얄궂게 말을 하거나 글을 쓰는 분까지 나타났습니다.

㉮ She has a headache. 그녀는 두통을 가진다.

ⓘ She has a cold. 그녀는 감기를 가진다.

적잖은 영어 길잡이책이나 배움책은 영어를 이렇게 옮기곤 합니다. 영어 낱말 하나하나가 어떤 뜻인가를 짚으려고 이처럼 옮긴 셈인데, '바로옮김(직역)'을 보여주더라도 '새겨옮김(의역)'을 보태야 알맞아요. 바로옮김으로는 이렇지만, 우리는 이렇게 말하지는 않으니, 다음처럼 손질해야겠지요.

㉮ → 골이 아프다. / 머리가 아프다.
ⓘ → 콜록거린다. / 감기에 걸렸어요.

'한'이란 말씨를 어떻게 쓰나요? 영어는 얹음씨(관사)를 꼭 넣습니다. 우리말은 얹음씨는 거의 안 쓰거나 아예 안 써요.

㉰ He gives a pencil. 그는 한 연필을 준다.
㉱ He gives an answer. 그는 한 정답을 준다.

우리는 "한 연필을 준다"나 "한 정답을 준다"처럼 말하지 않습니다. '한'을 아무 자리에나 안 붙여요. "저기 한 사람이 있네요."처럼 셈을 하는 자리에서만 쓸 뿐, "한 책상에 한 책이 있어요."처럼 말하지 않아요. "an answer"를 놓고서 "문제를 풀었어요."나 "대답했어요"처럼 말할 뿐, "한 정답을 줍니다."처럼 말하지 않아요.

ⓒ → 연필을 준다. / 연필을 줍니다.
ⓡ → 풀었습니다. / 문제를 풉니다. / 대답을 합니다.

다음 보기에서는 '그것'을 엉뚱하게 쓰는 말씨를 엿볼 만합니다. "하고 있다" 못지않게 갑작스레 퍼진 옮김 말씨로 '그것'이 있어요.

ⓜ It's sweet. 그것은 달콤하다.
ⓑ It's delicious. 그것은 맛있다.

영어에서는 툭하면 'It's'를 붙입니다. 'It's'를 안 붙이고 말하기도 하지만, 웬만해서는 이 말씨를 앞에 붙여야 합니다. 영어에서는 이 말씨를 안 붙이다가는 뜬금없는 뜻으로 잘못 알아들을 수 있다고 해요.

ⓜ → 달콤해. / 달콤하네.
ⓑ → 맛있어. / 맛있군.

우리말로 하자면 '그것은'은 아예 없다시피 해요. 더구나 우리말은

'-다'로 안 끝내 버릇하지요. 때때로 '-다'로 끝맺지만, 우리 말씨는 말을 하거나 듣는 사람 마음이나 느낌을 하나하나 짚으면서 그때그때 말끝을 바꾸어요. 우리말은 토씨랑 말끝을 신바람 내듯 바꾸는 결이 재미납니다.

Ⓞ They're taking a picture. 그들은 한 사진을 찍는 중이다.
Ⓟ They're riding bicycles. 그들은 자전거들을 타는 중이다.

우리말은 '그들'이란 임자말을 안 써 버릇합니다. 그러나 영어에서는 'They're'도 꼬박꼬박 붙여야겠지요. 자, 여기에서 "-는 중이다"란 말씨가 불거집니다. "-는 중이다"는 "-는 中이다"를 무늬만 한글로 옮긴 말씨이고, 일본사람이 영어를 일본말로 옮기면서 쓰던 말씨입니다.

Ⓞ → 사진을 찍는다. / 사진을 찍네요.
Ⓟ → 자전거를 탄다. / 자전거를 타는군요.

"-는 중이다"는 일본에서 영어 잇는말씨(현재진행형)를 어떻게 옮겨야 하나 하고 골머리를 앓다가 찾아내어서 쓰지요. 우리나라는 일본을 거친 영어를 들여와서 배운 터라, 숱한 영어 말씨는 바로 '일본 영어 말씨·일본말을 옮긴 말씨'라 할 만합니다.

㉑ She's climbing a mountain. 그녀는 한 산을 오르는 중이다.
㉒ She's drawing a picture. 그녀는 그림을 그리는 중이다.

"-는 中이다"는 "-는 중이다"라는 옷으로 바꿔 입는데, 이다음으로는 "-고 있다"로 다시 옷을 바꾸어 입기까지 합니다. 우리말로는 "밥 먹어."처럼 짤막하게 써야 올바르지만, "나는 밥을 먹는 중이다."라든지 "나는 밥을 먹고 있는 중이다."라든지 "나는 밥을 먹고 있다."같은 '일본 옮김 말씨'가 마구 춤을 춥니다.

㉑ → 멧길을 오른다. / 멧길을 올라요.
㉒ → 그림을 그린다. / 그림을 그립니다.

'말씨'란 "말이 되는 씨앗"입니다. 말이 되는 씨앗이란, 우리 삶을 이끌거나 일구는 바탕이 되도록 마음자리에서 흐르는 생각입니다. 마음에 담거나 마음을 드러내는 생각이 '말이라는 씨앗'으로 우리 입이나 손을 거쳐서 태어납니다. 어떤 말씨를 가려서 쓰느냐는, 어떤 마음이 되어 어떻게 생각을 가다듬느냐 하는 삶하고 맞물려요.
우리가 영어를 일본을 안 거치고 곧장 받아들여서 배우는 길로 갔다면 "하고 있다" 같은 말씨가 불거질 일이 없었으리라 생각합니다. 그런데 우리는 일본사람이 옮긴 일본 말씨하고 일본 한자말을 바탕으로 일본에서 나온 '일본 영어사전'하고 '일본 영어 참고서'를 꽤 오랫동안 들여와서 영어를 가르치고 배웠습니다. 이 탓에 "하고 있다"를 비롯한 갖가지 옮김 말씨가 불거졌어요. 이제부터라도 우리 말결과 말씨를 차근차근 짚으면서 영어도 일본말도 여러 바깥말도 알맞고 슬기롭게 가르치고 배우는 길을 열면 좋겠습니다.

허름한 말도
멋있는 말도 없습니다

푸름이 여러분한테 들려주는 우리말 이야기를 어떻게 들으셨을까 궁금합니다. 삶을 가꾸는 말이란 생각을 가꾸면서 마음을 북돋우는 말입니다. 생각을 가꾸며 마음을 북돋우는 말이란 늘 새롭게 배우면서 즐겁게 피어나는 사랑이 되도록 하루를 짓는 말입니다. 겉모습이 아닌 속알맹이를 가꾸기에 말이 말답고 글이 글답습니다. 이때에는 저절로 평화와 평등과 자유로 나아간다고 느낍니다.

번쩍이는 졸업장이나 자격증이 있어야 훌륭하지 않습니다. 차림새가 허름하다고 해서 안 훌륭하거나 안 아름답지 않습니다. 차림새가 말쑥하다고 해서 훌륭하거나 아름답지 않습니다.

듣기 좋은 말이나 보기 좋은 글에 얽매이지 않으면 좋겠습니다. 두 눈으로도 보아야겠지만, 두 눈에 너무 기대지 않으면 좋겠습니다. 두 눈으로 보더라도, 먼저 마음으로 볼 수 있기를 바랍니다. 두 눈을 감아도 좋으니, 부디 마음으로 찬찬히 바라보고 헤아리면서 사랑스레 나눌 말을 배우고 나눌 수 있기를 바랍니다.

앞선 이야기에서 짚기도 했습니다만, 맞춤길하고 띄어쓰기를 빈틈없이 맞추었다고 해서 훌륭한 글이 되지 않습니다. 달리기를 겨루다가 넘어지더라도 대수롭지 않습니다. 우리는 첫째(1등)가 되려고 달리기를 하지 않아요. 비록 넘어져서 꼴찌로 들어온다 하더라도 온 힘을 다해서 달리면 됩니다. 즐겁게 놀면 됩니다. 속임짓이나 딴청을 부리지 않고 즐겁고 아름답게 어우러지는 길을 가면 됩니다.

삐뚤빼뚤한 글씨는 오래도록 가다듬으면 정갈한 글씨로 바뀌어요. 그런데 삐뚤빼뚤한 글씨가 눈앞에 보인다 하더라도 나무라거나 탓하거나 나쁘게 볼 까닭이 없어요. 우리가 글을 읽을 적에는 '글씨가 아닌, 글씨라는 겉모습에 깃든 깊고 넓은 마음으로 지은 생각으로 펼친 이야기'를 읽거든요.

푸름이 여러분은 아마 얼굴이나 몸매나 키나 몸무게 같은 겉모습을 꾸미는 데에 품을 제법 들일 수 있습니다. 푸름이 여러분은 '내 얼굴이 못생겨서 싫다'거나 '나는 키가 작아 싫다'거나 '나는 힘이 여려서 싫다'거나 '나는 뚱뚱해서 싫다'고 여길는지 모릅니다. 그런데요, 이런 겉모습이 푸름이 여러분을 말할까요? 얼굴 생김새나 몸매가 푸름이 여러분을 이야기해 줄 수 있을까요?

모든 사람은 다 다른 얼굴하고 몸매이자 키이기 때문에 저마다 아름답고 사랑스럽습니다. 겉모습이 아닌 속알맹이를 가꾸고 돌보고 북돋우는 푸름이 여러분이 되기를 바랍니다.

겉으로 꾸미는 말이 아닌, 속으로 가꾸는 말을 사랑하기를 바랍니다. 남한테 자랑하려는 말이 아닌, 이웃하고 어깨동무하려는 상냥한 마음으로 말을 찬찬히 가리고 가다듬고 갈고닦아서 쓸 수 있기를 바랍니다.

말에는 힘이 있습니다. 슬기롭게 가다듬은 말에는 사랑을 짓는 힘이 있습니다. 말에는 씨가 있습니다. 슬기로우면서 사랑스레 갈고닦은 말을 마음이라는 자리에 생각이라는 씨앗으로 즐겁게 심으면, 이 '말씨'는 우리가 꿈꾼 길을 이루는 밑거름이 되어 줍니다. 그리고 이러한 말씨는 어느새 평등과 평화와 민주로 이어가고, 마침내 서로 참답고 아름다이 사랑하는 즐거운 숲길이랑 만나는구나 싶어요.

제가 즐겁게 지어서 엮는 새로운 우리말꽃은 그저 낱말만 잔뜩 모은 두꺼운 종이꾸러미가 아닙니다. 저는 푸름이 여러분한테 말을 말답게 가꾸고 보듬어서 엮은 낱말책 한 자락을 건네려고 합니다. 겉모습이 아닌 속마음을 읽도록 이끌거나 도울 수 있는 뜻을 말 한 마디에 새롭게 담아서, 이 말을 바탕으로 우리 삶을 저마다 기쁘면서 깊게 읽도록 하는 낱말책을 건네려고 하는 일을 날마다 해요.

말을, 마음을, 삶을 함께 읽어요. 글을, 그림을, 슬기를 함께 그려요. 이야기를, 사랑을, 숲을 함께 노래해요. 말 한 마디에서 꽃이 피면 삶 한 자락에서 꽃이 핍니다. 글 한 줄에서 꽃이 피면 마음 한켠에서 꽃이 핍니다. 고맙습니다.

.

이 책을 읽은 어린님·푸른님·어른님 마음에 더 궁금한 이야기가 있으면,
이 책을 펴낸 곳으로 글월을 띄워서 물어봐 주셔요.
그러면 물어보신 분한테 글쓴이가 이야기를 띄워 보내겠습니다.
또는 글쓴이한테 곧바로 물어보셔도 됩니다.
글쓴이 누리집이나 누리글월로 물어보시면 돼요.
누리글월로 물어보신 분한테는 누리글월로 이야기를 띄우고,
손글월로 물어보신 분한테는 손글월로 이야기를 띄우려고 합니다.